L'ESTUAIRE DU SAINT-LAURENT ET SES JARDINS SECRETS

JEAN-FRANÇOIS HAMEL ❧ ANNIE MERCIER

L'ESTUAIRE DU SAINT-LAURENT

ET SES JARDINS SECRETS

ÉDITIONS DU TRÉCARRÉ

Conception graphique et infographie : Dufour et fille design inc.
Révision linguistique : Suzanne Paradis
Séparation de couleurs : J. B. Deschamps inc.
Imprimeur : Imprimerie Québecor L'Éclaireur inc.

Photographies de la jaquette : Jean-François Hamel et Annie Mercier (arrière-plan et recto, en bas à droite); Normand Piché (recto en haut et en bas à gauche, et verso, les trois médaillons).

Page frontispice : le phare de Métis-sur-Mer se dresse sur le littoral de l'estuaire du Saint-Laurent.

ISBN 2-89249-660-8
Dépôt légal 1996
Bibliothèque nationale du Québec

ÉDITIONS DU TRÉCARRÉ
Saint-Laurent (Québec)
Canada

IMPRIMÉ AU CANADA

À tous ceux que la quête du savoir
pousse au dépassement et garde dans un constant
émerveillement et une généreuse disponibilité.

REMERCIEMENTS

Nos plus sincères et affectueux remerciements à Suzanne, Louis-Paul et Olivier, à Lucille, Guy et Simon, qui ont stimulé nos attentes et supporté notre démarche par leur enthousiasme et leur confiance, tout au long de la préparation de cet ouvrage. Merci au Dr Émilien Pelletier, au Dr John H. Himmelman et à M. Benoit Laganière, dont la passion pour la recherche et le respect de la nature ont guidé nos élans et soutenu notre aptitude à la recherche au fil des années. Un merci spécial à notre collaboratrice de la toute première heure, Suzanne Paradis, qui a partagé à la fois nos secrets et notre rêve, tout en apportant à notre hommage au Saint-Laurent les lumières de la langue française, sa grande passion. Merci à la dynamique équipe éditoriale qui a fait de notre rêve une réalité, un livre à la gloire de l'estuaire du Saint-Laurent, de ses trésors vivants, de son incomparable richesse; merci à l'estuaire lui-même et aux invertébrés qui nous ont fourni la preuve que l'estuaire mérite d'être sauvé.

EPUIS la lointaine ébauche du livre, en passant par le raffinage de ses éléments, cet ouvrage témoigne de notre passion commune pour le noble estuaire et sa rude intimité. Nous avons cumulé quelques centaines de plongées dans l'infiniment grand de l'estuaire, d'innombrables heures d'étude et de recherche dans l'infiniment petit, en laboratoire ou à travers des milliers de documents consacrés à la mer, qui ont donné à notre projet sa couleur et la direction particulière que nous avons ensemble imprimée à notre livre.

L'ouvrage propose aux lecteurs une incursion dans un univers que nous ne prétendons pas dominer, mais dont nous avons cherché à communiquer la vertigineuse complexité et la fascinante beauté. Nous avons réuni l'information la plus complète possible sur les différents écosystèmes marins de l'estuaire du Saint-Laurent, en vue d'en définir le contexte zoologique et écologique. Nous décrivons les liens entre les principales espèces qui peuplent le littoral, les zones les plus éloignées ou les plus profondes, à travers l'investigation de leur habitat et leurs divers comportements. Tout en considérant les besoins particuliers des passionnés de la biologie marine, notre ouvrage souhaite répondre aux questions du naturaliste d'occasion, du plongeur sous-marin ou du promeneur en vacances dans un milieu où le plus infime détail a son importance et son rôle à jouer. Finalement, l'ouvrage se veut une invitation à l'exploration de l'estuaire et de ses berges, mais aussi un appel impératif au respect de ses richesses et à la protection de ses merveilles. Pionnier à sa façon, notre livre apporte des précisions inédites sur l'estuaire et propose un point de vue personnel sur les renseignements que nous avons patiemment recueillis, ajoutant à la connaissance actuelle du Saint-Laurent un témoignage axé sur le futur de notre géant et de la Terre qui le porte.

Indice d'une vie marine exubérante près de Grandes-Bergeronnes, les grands laminaires émergent de l'eau à la marée baissante.

Bien que nous ayons largement consulté la littérature scientifique consacrée à l'étude de la mer et complété des années de recherche et d'observation dans le milieu, nous redoutons, formation scientifique oblige, les erreurs ou les inexactitudes que notre ouvrage pourrait contenir. Nous faisons donc humblement appel à nos lecteurs pour corriger d'éventuelles erreurs et nous aider à peaufiner une étude que nous avons imaginée, en y mettant les efforts et le temps nécessaires, rien moins que digne de son objet.

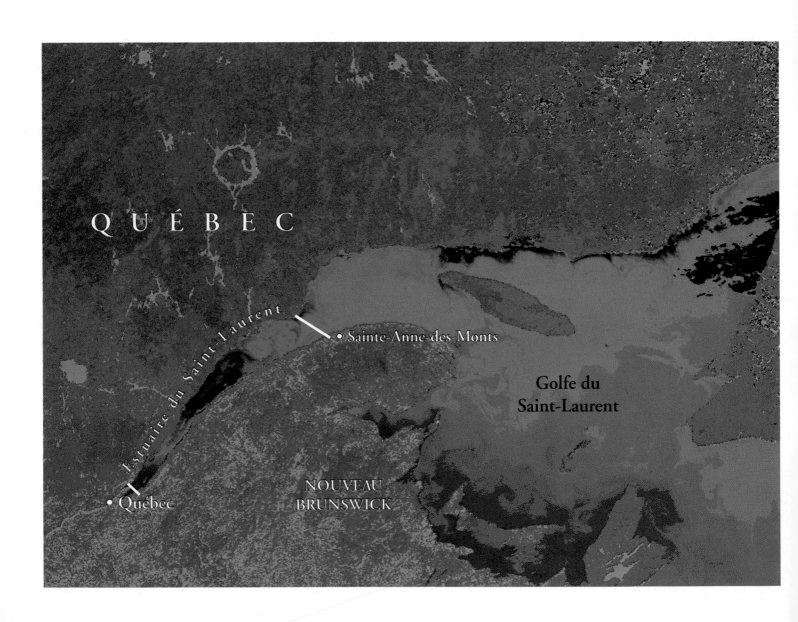

QUÉBEC

Estuaire du Saint-Laurent

• Sainte-Anne-des-Monts

Golfe du
Saint-Laurent

• Québec

NOUVEAU
BRUNSWICK

INTRODUCTION

LE bruit des vagues, la couleur de la mer et l'air salin ont depuis toujours fouetté l'envie des humains d'en savoir plus long sur l'océan et entretenu leur curiosité. Ils ont provoqué le désir d'accéder à cet univers à la fois proche et terrifiant, de l'explorer afin de le comprendre ou de le maîtriser. L'étroit territoire des plages dénudées par la marée basse instilla dans l'esprit d'increvables aventuriers le courage de se lancer à l'assaut de l'infini : radeaux, barques, vaisseaux de toute sorte sont autant de tentatives de l'homme de s'emparer de la mer, pour l'utiliser à ses propres fins. Ce qui fut fait. Mais cet exploit pouvait-il répondre à notre propre curiosité? Que non! L'océan recelait trop de mystère pour qu'une conquête superficielle, fort aléatoire en plus, apaisât notre ambition et limitât indéfiniment nos efforts.

L'estuaire du Saint-Laurent, à la fois fleuve et mer, nous est apparu comme l'un des milieux marins ayant échappé à une investigation complète de la part des chercheurs et autres usagers de la mer. Ce roi des estuaires aux dimensions exceptionnelles avait donc conservé une part appréciable de ses secrets. Après tout, on s'y intéressait depuis à peine 70 ans du point de vue qui est le nôtre : la vie sous-marine et son écologie. Après avoir été livré dès sa découverte à des humeurs de conquérants motivés par la satisfaction de leurs besoins fondamentaux : manger, loger familles et bestiaux, circuler, effectuer le transport de biens, de gens, de matériaux, etc., ce géant esclave n'allait-il pas un jour être reconnu pour son rôle de grand pourvoyeur de la vie et des vivants?

Cet estuaire, nous avons dû l'apprivoiser de l'intérieur, nous y enfoncer avec précaution, sans en déranger l'ordre millénaire. Que savions-nous de son origine, des effets de sa présence, des tourmentes qui l'agitent, des forces qui le commandent, du rythme de son glissement à travers un pays qu'il coupe en deux de si spectaculaire façon?

Dans cette présentation du système hydrologique du Saint-Laurent, les barres verticales délimitent l'estuaire, entre la pointe est de l'île d'Orléans et Sainte-Anne-des-Monts. La température de surface varie entre 4°C (bleu foncé) et 18°C (rouge). Ces données ont été recueillies par le senseur AVHRR du satellite NOAA à la fin de l'été.

13

Page 14 en haut à gauche : L'anémone de mer *Stomphia coccinea* est l'une des « fleurs » qui ornent les jardins de l'estuaire du Saint-Laurent.

Page 14 en haut à droite : Sur les fonds colorés se côtoient l'étoile de mer *Solaster endeca,* l'oursin vert, l'anémone et le concombre de mer.

Page 14 en bas : La silhouette effilée de la stichée arctique *Stichaeus punctatus* domine ce couvert d'algues encroûtant*e*s à 10 mètres sous la surface des eaux.

Page 14 en médaillon : Les fins tentacules blancs de l'anémone de mer plumeuse *Metridium senile* ont pris la teinte verdâtre de l'éponge voisine, la croûte de pain *Halichondria panicea.*

À gauche : L'apparence trompeuse de l'hydrozoaire dissimule des centaines de minuscules animaux coloniaux.

À droite : Le crabe commun *Cancer irroratus* se déplace sur un tapis d'anémones de mer *Metridium.*

Approchons-nous de lui en empruntant ses rivages livrés aux caprices des saisons. Observons ses jeux, vagues et marées porteuses de vie, puis pénétrons au cœur de son immensité, au sein même de son enfermement. Rejoignons-y une pléthore de créatures dans les refuges où elles se livrent aux plus tendres étreintes comme aux combats les plus féroces. Un univers aussi complexe, conquis de haute et incessante lutte, pourtant habité d'une paix indicible, fait de falaises et de prairies submergées, d'eaux mouvantes et profondes, ne livrera pas à des yeux indifférents l'éclat singulier de ses ténèbres; car les milliers de créatures qui s'y développent ont chacune un monde à révéler, une fête pour nos sens et notre esprit quêteur de rêve et de réalité. Lorsque nous refermerons le livre, au terme de l'équipée mémorable à laquelle nous vous convions, quelque chose aura changé : vision, sentiment ou prise de conscience, ce mouvement scellera un pacte nouveau entre chacun de nous et le formidable compagnon de voyage qu'aura été l'estuaire du Saint-Laurent.

Hommage au Saint-Laurent

*Au commencement était l'univers des étoiles et des planètes dans le
gigantesque remue-ménage de l'espace. Il y eut l'explosion de la lumière et des
ténèbres.*

*Au commencement la Terre s'échappa de l'une de ces étoiles, masse de gaz et de
feu, boule tournoyante autour de l'axe Soleil.*

*Et vint le temps pour l'apprivoiser à la vie, calmer ses rugissements et ses
tempêtes, pour la parer, l'inonder, la pétrir.*

*Et dura le temps pour séparer les mers et les continents, creuser des lits pour y
coucher fleuves et rivières.*

*Et dura le temps pour dessiner les Amériques et les percer au cœur de lacs
grands comme des océans.*

*Dura ce temps qui déchira le flanc sauvage de l'Amérique du Nord, y fixa le
plus majestueux lit de la terre : celui du fleuve Saint-Laurent.*

*Dura le temps pour inventer les îles où le fleuve naissant s'enroule et se repose
au long du lent chemin vers l'Atlantique : l'île Wolfe, l'archipel des Mille Îles,
l'île Jésus, l'île Perrot, l'île de Montréal, l'île d'Orléans, l'île Madame, l'île
aux Oies, l'île aux Coudres, l'île aux Lièvres…*

*Et s'acheva le temps où le fleuve musait avec les îles baignées par des eaux
douces, rendues plus douces encore par l'affluence des rivières : l'Outaouais, la
Richelieu, la Yamaska, la Saint-François, la Nicolet, la Saint-Maurice, la
Sainte-Anne, la Chaudière…*

Puis vint la rencontre avec la mer, la mer terrible et magnifique.

*Survint le choc, le choc du nord, le choc du froid et du sel, des eaux migrantes
venues de Belle-Isle et du Labrador.*

Aujourd'hui, ses rives s'éloignent de lui et lui se change en mer.

*L'océan lui-même reflue vers lui.Son lit devient lit de géant, ses îles sont
rudoyées par les vents, les vagues et les marées.*

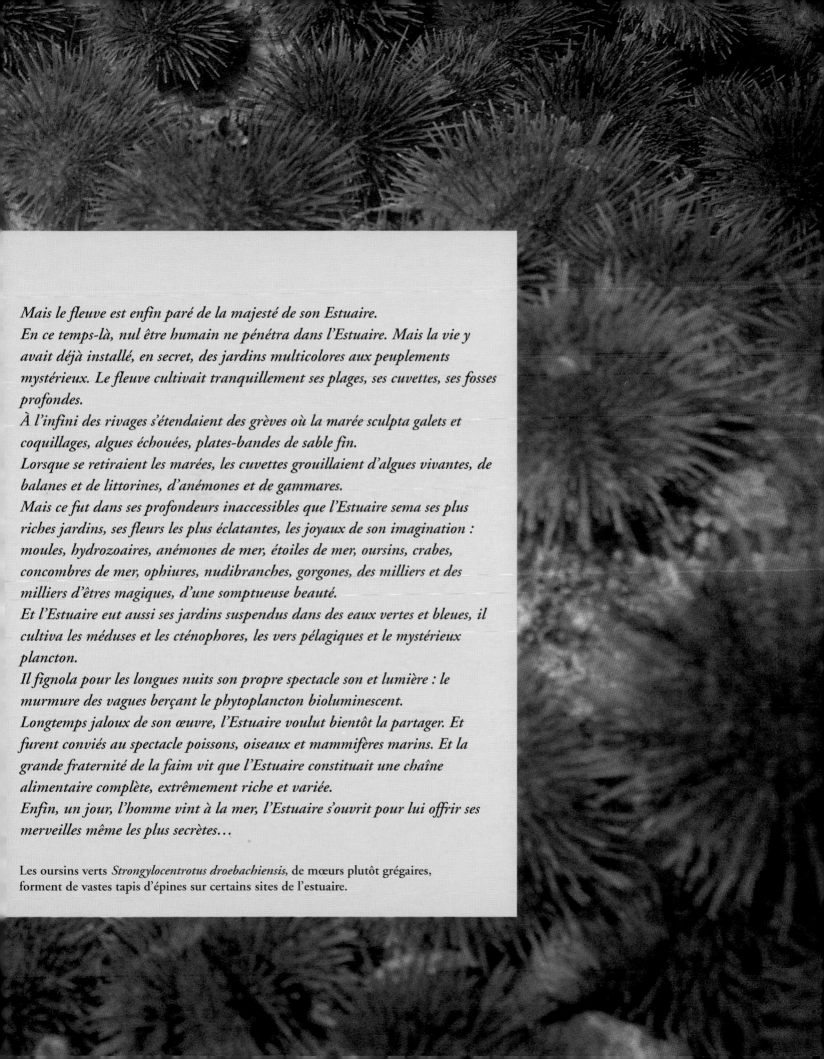

Mais le fleuve est enfin paré de la majesté de son Estuaire.

En ce temps-là, nul être humain ne pénétra dans l'Estuaire. Mais la vie y avait déjà installé, en secret, des jardins multicolores aux peuplements mystérieux. Le fleuve cultivait tranquillement ses plages, ses cuvettes, ses fosses profondes.

À l'infini des rivages s'étendaient des grèves où la marée sculpta galets et coquillages, algues échouées, plates-bandes de sable fin.

Lorsque se retiraient les marées, les cuvettes grouillaient d'algues vivantes, de balanes et de littorines, d'anémones et de gammares.

Mais ce fut dans ses profondeurs inaccessibles que l'Estuaire sema ses plus riches jardins, ses fleurs les plus éclatantes, les joyaux de son imagination : moules, hydrozoaires, anémones de mer, étoiles de mer, oursins, crabes, concombres de mer, ophiures, nudibranches, gorgones, des milliers et des milliers d'êtres magiques, d'une somptueuse beauté.

Et l'Estuaire eut aussi ses jardins suspendus dans des eaux vertes et bleues, il cultiva les méduses et les cténophores, les vers pélagiques et le mystérieux plancton.

Il fignola pour les longues nuits son propre spectacle son et lumière : le murmure des vagues berçant le phytoplancton bioluminescent.

Longtemps jaloux de son œuvre, l'Estuaire voulut bientôt la partager. Et furent conviés au spectacle poissons, oiseaux et mammifères marins. Et la grande fraternité de la faim vit que l'Estuaire constituait une chaîne alimentaire complète, extrêmement riche et variée.

Enfin, un jour, l'homme vint à la mer, l'Estuaire s'ouvrit pour lui offrir ses merveilles même les plus secrètes...

Les oursins verts *Strongylocentrotus droebachiensis*, de mœurs plutôt grégaires, forment de vastes tapis d'épines sur certains sites de l'estuaire.

UNE RENCONTRE DE GÉANTS, LE FLEUVE SAINT-LAURENT ET L'OCÉAN ATLANTIQUE

CASCADES ou chutes tumultueuses, ruisseaux et rivières sans nombre gonflent d'eau douce le cours du Saint-Laurent. Depuis le lac Supérieur jusqu'à l'île d'Orléans, le fleuve roule vers la mer, propulsant des milliers de mètres cubes d'eau à la seconde vers l'Atlantique. L'impact des deux forces qui s'affrontent produira moult courants et tourbillons, des fronts de salinité et de turbidité assujettis à de fortes marées sur près de 600 kilomètres. Les deux géants confrontés se bousculent, dans une formidable tentative d'arrêter leur élan réciproque, pour finalement se confondre. Tel se présente l'estuaire du Saint-Laurent, dans toute son ampleur et sa pérennité.

LE PLUS VASTE ESTUAIRE DE LA PLANÈTE

Le paysage de forêts, de lacs, de rivières et de montagnes du Québec s'ouvre donc à la mer par l'entremise du plus vaste estuaire de la planète, celui du Saint-Laurent. Remarquable par sa longueur, il plonge, de gouffre en gouffre, à plus de 350 mètres et atteint quelque part 60 kilomètres de largeur. Divisons-le en trois sections : à l'ouest, entre Trois-Rivières et la pointe extrême de l'île d'Orléans, s'étend une zone typiquement fluviale soumise à l'influence des marées, laquelle se prolonge en une zone saumâtre jusqu'à l'embouchure de la rivière Saguenay; au-delà se forme une étendue aux caractéristiques nettement océaniques. Cette partie la plus orientale de l'estuaire, dite maritime, présente des aspects qui l'apparentent en effet à l'Atlantique nord.

L'estuaire maritime proprement dit, celui qui fait l'objet de notre propos, s'évase pour former le golfe du Saint-Laurent après une course de près de 240 kilomètres. Bien que l'est du Canada connaisse quatre saisons distinctes, dont

L'ESTUAIRE DU SAINT-LAURENT

Cette vue saisissante s'étend devant Grosses-Roches, en Gaspésie.

un été relativement chaud, la température de l'eau avoisine le point de congélation tout au long de l'année, ne dépassant guère 4 à 10 °C à dix mètres de profondeur. La persistance en été d'un tel niveau de température résulte des effets combinés de l'émergence d'un courant froid en provenance du Labrador et de la résurgence d'une eau intermédiaire, glaciale, sous la poussée d'importantes marées internes. Par ailleurs, ce climat apparemment inhospitalier est à l'origine du cycle extraordinairement productif de l'estuaire.

Les loups de mer connaissent l'humeur changeante de l'océan, les plus expérimentés savent en interpréter les caprices et les excès. Ils calculeront au mètre près, à travers les rides de surface, le prochain déferlement des vagues, poussées par de puissants courants conducteurs, qui s'abattront sur la grève avec fracas. Néanmoins, l'estuaire du Saint-Laurent continue de défier les pronostics et de débalancer bien des calculs. Crues printanières, remontées d'eau profonde, marées et gyres y dépassent l'imagination

La marée basse dénude des plages de sable et de gravier le long de l'estuaire.

par leur nombre et leurs combinaisons. Et si l'on ajoute à cela une température polaire, une salinité inégale, modifiée par l'infiltration des eaux douces, et des tempêtes à tout casser, on y perd vite son latin.

Les fluctuations quotidiennes dues aux marées et aux courants sont certes importantes dans l'estuaire du Saint-Laurent, mais d'autres mouvements, tels que ceux des rivières de l'intérieur, les courants de Gaspé et du Labrador, ne peuvent être ignorés. Le premier amène des eaux faiblement salées vers l'Atlantique en longeant superficiellement la côte sud de l'estuaire, du Bas-Saint-Laurent et de la Gaspésie, pour finalement se diluer dans le golfe. Le second, venu du nord par le détroit de Belle-Isle, véhicule dans les profondeurs les eaux froides de l'Atlantique jusqu'à l'embouchure de la rivière Saguenay où elles émergent près de la surface.

Comparativement aux estuaires situés dans les régions tempérées et froides, et probablement à cause de ses proportions

gigantesques, le Saint-Laurent compte parmi les systèmes hydrologiques les plus productifs de la planète. L'eau de l'estuaire n'affiche ni la transparence ni le chatoiement turquoise d'un lagon corallien? Qu'à cela ne tienne, car la pollution n'y est pour rien, contrairement à une croyance bien ancrée chez nous. Au contraire, et nous aurons le loisir de le découvrir ensemble, sa couleur terne est un signe de vitalité et traduit une abondance que ne sauraient revendiquer des eaux tropicales infiniment plus pauvres. N'est-ce pas qu'un coup d'œil plus averti par delà les apparences de l'estuaire s'impose, à la façon d'une promesse peut-être? Suivons le guide…

En bas et page suivante : Les côtes escarpées du Saint-Laurent offrent à notre admiration des images d'une grande beauté.

Comme le sang pénètre le cœur humain et en est expulsé à chacun de ses battements, la mer inonde ses rivages et s'en retire à chaque marée. L'ordre lunaire auquel elle obéit se modifie constamment, la position de la Lune par rapport à la Terre n'étant pas fixe. Au printemps et à l'automne, durant les grandes marées, l'effet de la Lune se conjugue avec celui du Soleil. On peut alors observer, à perte de vue, le large ruban rocheux et les prairies de spartines qui longent les rives de l'estuaire du Saint-Laurent. Au début de l'été, l'eau y est froide et le vent du large rafraîchissant. Des myriades d'oiseaux s'y ébattent librement. Le promeneur qui s'en approche se grise de la musique des vagues et du chœur des oiseaux qui annulent le bruit de l'activité humaine et lui révèlent la grandeur sauvage du lien qui existe entre lui et la mer. Quel promeneur resterait insensible à cette révélation?

PROMENADE À MARÉE BASSE

LES CUVETTES ET LES ROCHERS

Découvrir l'estuaire en été, c'est profiter d'une belle journée ensoleillée, alors que la brise mêle les embruns à l'arôme des fleurs d'églantiers. Léchant la rive, la vague effleure des rochers formant une chaîne de montagnes miniature où circule une eau fuyante. Territoire de transition entre la terre ferme et la mer, cette zone recèle une faune et une flore insoupçonnées. Le décor tantôt submergé, tantôt découvert, au rythme du flux et du reflux, constitue le refuge de nombreux organismes, une oasis irriguée par des cuvettes gorgées d'eau. De loin, les laminaires et les *Fucus,* ces algues brunes qui abondent dans nos régions, semblent occuper tout l'espace disponible. Pourtant, si l'on y regarde de plus près et de préférence avec un masque et un tuba, quel fascinant tableau! Souvent, la fronde des algues y est recouverte de la nappe de dentelle blanche du bryozoaire

À la marée baissante, l'eau fuit le long d'un chenal tapissé de grandes algues *Chondrus* et *Fucus.*

25

Membranipora. Sous le couvert apparent s'entremêlent des algues vertes et translucides, les ulvacés et les entéromorphes, dont la couleur tranche vivement sur le rose des algues calcaires encroûtées au fond de la cuvette. Une foule d'invertébrés de formes et de couleurs variées y ont trouvé domicile et subsistance à leur convenance. *Mysis* et gammares affairés papillonnent autour des doigts ou du masque des plongeurs qu'ils tamponnent comme des mouches aveugles. Des balanes déploient leurs cirres tandis que littorines et patelles broutent avec appétit. Dans les larges cuvettes du bas littoral, on peut facilement repérer des moules, des étoiles de mer, des oursins, des anémones de mer mauves, vertes, orange ou en livrée arc-en-ciel du plus ravissant effet.

À marée basse, l'eau des cuvettes atteint rarement plus de mètre de profondeur; elle est donc exposée à une évaporation qui en augmente la salinité, et aux fortes pluies qui en

diluent la concentration saline. Elle est également menacée par le déferlement des vagues. À marée haute, l'océan règne en maître. Il va sans dire que les cuvettes du haut littoral ne subissent pas les mêmes conditions que celles du bas littoral, même à marée haute. Celles-là sont plus ou moins exposées et sensibles aux variations de leur environnement. La vie y étant plus précaire pour les espèces marines, elles y sont moins nombreuses. Au début et à la fin de l'été, la température des cuvettes est sujette à des écarts excessifs, passant parfois du gel matinal à 25 °C en l'espace de quelques heures. La concentration d'oxygène dissous dans les cuvettes peuplées d'algues peut devenir considérable lorsque le soleil les inonde, et fort réduite durant la nuit. Quoi qu'il en soit, l'équilibre biotique et physico-chimique est modifié à chaque marée montante. Examinée de près, aucune grève n'est tout à

Les strates de balanes et d'algues se découvrent à marée basse.

Pages suivantes : En arrière-plan : la grève de Port-au-Saumon se révèle peu à peu.

Page 30 en haut : Les balanes *Balanus balanoides* évitent le dessèchement en se retirant dans leur abri calcaire.

Page 30 au milieu : Ce banc de moules bleues *Mytilus edulis* tapisse le fond d'une cuvette à environ un mètre de profondeur.

Page 30 en bas : Les chitons *Tonicella marmorea* se collent si étroitement au substrat qu'il est difficile de les en déloger.

Page 31 en haut : Cette jeune moule *Modiolus modiolus* est entourée d'anémones de mer plumeuses.

Page 31 en bas : L'oursin vert colonise les cuvettes du bas littoral.

Ce somptueux couvert d'algues *Fucus* orne le littoral rocheux.

fait semblable à une autre, pas plus qu'elle n'est constamment semblable à elle-même. L'importance des vagues et des courants, la pente du littoral, la présence d'une île au large ou de falaises escarpées en bordure du site influencent l'abondance et la distribution des espèces.

Ce milieu extrêmement dynamique se révèle exigeant pour les organismes marins qui doivent s'y adapter pour survivre. Une multitude d'entre eux parviennent à vivre «en cuvette» et sur le littoral avec un remarquable succès. Chercheurs scientifiques et photographes enthousiastes sont d'accord pour y découvrir leurs plus spectaculaires objets d'étude.

Un regard attentif sur le rivage permet d'observer l'arrangement bien défini d'un apparent fouillis de plantes et d'animaux, en particulier lorsque le substrat présente une pente prononcée. Les organismes y sont regroupés en strates successives parallèles à la côte. Leur position sur le littoral dépend, entre autres, de leur résistance à l'émersion et du relief du bord de mer. Les lichens orange ou gris occupent la limite extrême du littoral au-delà de laquelle l'habitat devient terrestre. Seuls quelques embruns les atteignent. La position sous-jacente est occupée par les balanes qui seront supplantées progressivement par un amalgame de moules, de chitons et de patelles. Leur carapace ou leur coquille étanche les protège dans une zone quotidiennement asséchée durant de longues heures. Elles y côtoient des thalles d'algues brunes adaptées aux mêmes conditions. Les *Fucus*, entre autres, supportent la perte de 70 % de leur humidité jusqu'à ce que l'eau les recouvre à nouveau. À la limite de la marée basse, les algues rouges occupent une zone que l'eau ne quitte à peu près pas et qui abrite une pléthore de mollusques, de vers, d'hydrozoaires, d'éponges et de petits crustacés mobiles tels que les gammares. Les prédateurs actifs, dont les oursins, les crabes, les étoiles de mer, qui se risquent rarement hors de l'eau, n'envahiront le littoral qu'à la faveur du flux, entraînés par l'appât d'une nourriture abondante et facile d'accès.

Certains organismes, les littorines, par exemple, colonisent l'ensemble de la zone intertidale. Ainsi se succèdent les *Littorina saxatillis*, les *Littorina obtusata*, et finalement les *Littorina littorea*, grosses littorines mieux connues sous le nom de bigorneaux. Un œil exercé repérera d'autres espèces plus ou moins résistantes à la dessiccation et placées dans un ordre que la nature bouscule parfois mais ne rompt jamais. Au fil des saisons, telle zone ordonnée, mais dont la présence d'une cuvette brise parfois l'harmonie, sera le théâtre de scènes pour le moins impressionnantes : quelques vers visibles à fleur d'eau se tortillent fébrilement. Sous l'effet de la torsion, leur corps se déchire peu à peu, le mâle et la femelle *Nereis* libérant ainsi, au prix de leur propre vie, le sperme et les œufs essentiels à la reproduction. Moins dramatique, l'avenir des nudibranches *Aeolidia papillosa* est assuré par les longs et fragiles rubans en dentelle que forment leurs œufs

Les bigorneaux comestibles *Littorina littorea* se régalent de fragments d'algues brunes.

En médaillon : *Littorina littorea*, la plus volumineuse des littorines de l'estuaire du Saint-Laurent, peut atteindre deux centimètres et demi de longueur.

au moment où ils sont relâchés. Quel spectacle pour qui a pu observer la fixation d'une nouvelle génération de balanes ou surprendre un couple de gammares nageant en tandem en vue de l'accouplement! Ces moments attendrissants, qui précèdent chaque fois l'explosion de la vie, contrastent avec l'agressivité qui caractérise les habitants du littoral en quête de nourriture. Le gastéropode *Nucella lapillus* ne recule devant rien pour survivre, y compris le cannibalisme. Le mâle affamé perfore à l'aide de sa puissante radula la coquille de la femelle immobile en train de pondre ses œufs. Il la consomme en quelques heures à peine lorsque les moules et les balanes se font de plus en plus rares. Comment avertir ce bataillon de *Mysis* qui tentent maladroitement d'échapper à notre curiosité, alors que les tentacules étalés des anémones de mer s'apprêtent à cueillir ces proies étourdies? Contentons-nous d'admirer l'ordre vivant réalisé

À gauche : Tôt au printemps, le ver *Nereis* mâle se tortille et se déchire afin de libérer sa semence.

À droite : Ces petits gastéropodes, dont *Nucella lapillus*, se réfugient dans les anfractuosités de la roche.

dans chaque cuvette, sur chaque rocher ou sous ces coussins épais d'algues brunes.

Les grâces de l'été ne laissent guère présager les rigueurs de l'hiver dans l'estuaire du Saint-Laurent. Pendant de longs mois, le sommeil de la nature confondra la terre et l'eau en une immense prairie glacée, à perte d'espace et de temps.

Déjà, vers la fin de septembre, l'air refroidit, frôlant par intermittence le point de congélation. Octobre : les fanes jonchent le sol et les églantiers se parent d'un rutilant manteau qui tranche sur le safran des graminées et les épis de la verge d'or. Dans les cuvettes visibles durant le reflux, l'eau est froide et, diluée par les averses automnales, forme une mince couche de glace qui emprisonne, l'instant d'une aube, quelque moule prise au piège. Autant le printemps, l'été et l'automne ont confirmé l'exubérance de l'estuaire, autant l'hiver semble en consommer la dévastation.

Dès le mois de novembre, le littoral disparaît sous la neige.

Novembre : un froid mordant s'est installé. Le givre et le frimas forment des réseaux de plus en plus solides. La glace fige le littoral. À 16 heures, il fait déjà presque nuit. Décembre : l'horizon s'est dénudé, le littoral indiscernable dort sous la neige. Un désert blanc à perte de vue jouxte le bleu profond du large et la voûte turquoise du ciel.

Érigées parfois comme des cathédrales, les glaces, particulièrement stables durant l'hiver, ne bougeront à peu près plus. Ce n'est que sous l'effet du soleil printanier et sous la pression des fortes marées que d'immenses étendues se fragmentent en banquises et en blocs de taille variable, puis se mettent en mouvement. Les glaces remodèlent le paysage, ravinent les côtes du Québec, charriant des tonnes de sable, d'algues, de cailloux et même de gros rochers piégés au début de l'hiver. Des fissures entaillent le roc et d'énormes blocs de spartines sont déportés. Mais la roche délavée, crevassée ou

Les glaces vont et viennent tout l'hiver aux Escoumins.

rudement déformée par le gel, redeviendra peu à peu un site d'accueil pour les espèces marines qui s'y fixent dès la fonte des glaces. Certains organismes plus fragiles ne survivront pas, leurs conditions de vie ayant été trop brutalement modifiées. Beaucoup d'entre eux migreront, les autres mourront. Un certain nombre d'espèces, prisonnières de la glace, puis libérées à distance de leur lieu d'origine, profiteront de l'occasion pour coloniser un nouveau site, où la compétition sera peut-être moins vive et la reproduction plus efficace.

Le long du Saint-Laurent, les côtes les plus affectées par les glaces sont celles de la rive sud. La salinité réduite et la faible profondeur des eaux côtières de cette région favorisent l'action de la glace. Plus en aval, la rive sud, comme la plupart des secteurs de la rive nord, oppose la turbulence de ses eaux à l'étau des glaces. Au moment de la débâcle, les

En bas : Le bouscueil printanier éparpille des blocs de glace sur les berges de l'estuaire.

37

glaces rabotent l'environnement immédiat de plusieurs rivières tributaires de l'estuaire, dont le Saguenay.

Après le déferlement et le bouscueil du printemps, il ne reste plus guère dans les parages de l'estuaire que les animaux réfugiés dans les crevasses ou enfouis dans la vase. Les algues ont été déchiquetées, un certain nombre d'organismes balayés ou broyés. Néanmoins, quelques semaines suffiront pour que le littoral reverdisse, pour que les rochers se recouvrent de balanes, de moules, d'algues de toutes les formes et de toutes les couleurs. D'où viennent donc cette faune et cette flore instantanées? Tous ces animaux vivent-ils par choix ou par accident sur le littoral et dans les cuvettes? Seraient-ils suicidaires? La plupart des organismes déjà observés semblent parfaitement adaptés à un tel milieu. Les espèces qui ont survécu à l'hiver reprennent progressivement

Cet amalgame de formes et de couleurs réunit des algues filamenteuses, divers petits crustacés et des mollusques.

leur place sur le rivage. D'autres espèces opportunistes venues d'ailleurs s'emparent du terrain momentanément vacant. Au cours de l'été, elles seront remplacées, du moins en partie, par les espèces familières qui auront reconquis leur domaine.

On a démontré par de multiples exemples que les organismes marins ont développé des mécanismes de défense contre la pression des glaces et une résistance au gel. L'environnement du littoral québécois oblige les espèces exposées à des températures souvent inférieures à −20 °C à se munir d'un isolant qui les protège du froid. Certains animaux parviennent à maintenir leur organisme à un niveau de salinité supérieur à celui de l'eau de mer. D'autres abaissent le point de congélation de leur sang, grâce à une sorte d'antigel. Des communautés luttent contre l'hiver en formant de spectaculaires agrégats. Les moules, entre autres, empruntent cette stratégie pour stabiliser leur adhérence au substrat et mieux résister au mouvement des glaces et des courants. Les littorines se sont munies de coquilles plus épaisses et moins friables ou se sont glissées dans les anfractuosités d'une roche abritée. Des espèces mobiles comme les oursins et les étoiles de mer migrent vers les eaux plus profondes.

Les moules bleues s'agrègent en bancs serrés.

L'activité du littoral au cœur de l'été laisse difficilement transparaître la lutte constante que mènent ses habitants durant l'année. Leurs stratégies et leurs ressources, apparemment inépuisables, défient les saisons et viennent à bout d'obstacles aussi imposants que ceux dont nous avons nous-mêmes appris à nous défendre, sur terre et dans les airs.

LES SUBSTRATS MEUBLES

Contrastant avec l'effervescence du peuplement des rochers et des cuvettes, quelques rares végétaux et un petit nombre d'espèces animales occupent la surface de plages de sable et d'étendues vaseuses aussi dénudées qu'un désert. L'uniformité de ces espaces est toutefois trompeuse. En réalité, ce milieu où l'épifaune est rare abrite une endofaune peu évidente au regard du promeneur, soit, mais d'une richesse et d'une beauté qui lui réservent bien des surprises. Des oursins plats sont presque complètement enfouis dans le sable, des vers de toutes les couleurs, dont seul le panache de tentacules émerge discrètement, y forment de véritables villages souterrains. Il suffit de creuser un peu pour découvrir des dizaines de bivalves tels que myes et clams, des crustacés et des concombres de mer aux formes si curieuses, des vers dont le fourreau est couleur de sable.

Les vasières qui frangent l'estuaire accueillent une faune discrète mais fort nombreuse.

À droite : Les oursins plats *Echinarachnius parma* enfouis dans le substrat meuble sont très nombreux à la limite extrême de la marée basse.

En bas : Ces trous et ces pistes dans la vase sont ceux de vers polychètes endobenthiques.

En médaillon : Cet hémichordé émerge du substrat fraîchement retourné.

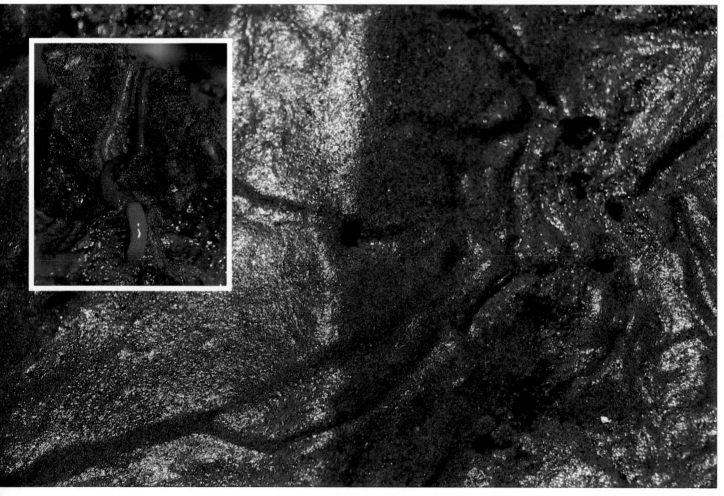

Le substrat meuble est parfois instable, il cède à la moindre vague, à la moindre perturbation. C'est pourquoi les différentes espèces qui survivent dans cet environnement ont dû apprendre à creuser et à s'enfouir profondément. Ces organismes, discrets par la force des choses, ne sont pas sédentaires pour autant. Certains ne devront-ils pas refaire leurs galeries ou leurs terriers quotidiennement pour vaincre l'instabilité de l'habitat?

Ce type d'environnement, souvent étalé entre les saillies rocheuses de l'estuaire, bénéficie traditionnellement d'une grande popularité auprès des promeneurs. Les vastes plages de sable ou de gravier attirent les chercheurs de trésors et les amateurs de coquillages. Non entravée par des algues glissantes, des aspérités ou des monticules embarrassants, la

Cette plage de gravier est frangée d'une abondante laisse de mer.

rencontre avec la mer y est d'une simplicité magique. La vie s'y dissimule si entièrement que le rêveur et le collectionneur y cherchent et y découvrent des attraits différents. Peut-être ont-ils trouvé un sens caché à cet univers fantasque qui les gratifie d'objets venus d'ailleurs, un ailleurs autrement inaccessible… Les strates successives parallèles au rivage contiennent pour eux autant de messages non codés laissés par la mer à leur usage : carapaces ou pinces de crabes, coquilles de moules ou de buccins, oursins verts ou plats déchiquetés par les goélands, algues échouées dont les formes et les couleurs sollicitent l'œil sans accaparer l'esprit, signes discrets de la splendeur lointaine de la mer, souvenirs d'indéchiffrables voyages.

Ces quelques bouquets d'algues ont été abandonnés par la mer sur le substrat sableux.

En médaillon : Une fronde de *Fucus* piquetée de vers spirorbes s'est échouée sur la plage.

LES PRAIRIES DU LITTORAL

C'est à l'abri au creux des anses tranquilles, en bordure des champs de vase, que s'étendent les prairies verdoyantes de spartines, au cœur desquelles se mêlent à l'occasion salicornes et joncs. Agitées par le vent lorsque la mer se retire, les spartines disparaissent presque complètement sous la marée montante. Le développement de ces hautes herbes provoque l'accumulation de fins sédiments qu'elles stabilisent en un épais substrat mou, lequel forme un rivage à peu près plat et constitue l'un des territoires exondés les plus considérables le long des côtes du Québec. Le promeneur habitué ne s'étonne pas de s'enfoncer jusqu'aux chevilles ou davantage dans ce magma visqueux dont l'odeur fétide rappelle les émanations de nombreux étangs d'eau douce. Cette particularité peu invitante est le résultat de la décomposition anaérobie de matière organique par les

micro-organismes. En plus des bactéries, les marais salants de l'estuaire abritent une faune discrète, de sporadiques visiteurs, marins ou terrestres selon l'heure, qui y trouvent de la nourriture ou un gîte provisoire. On peut observer chaque année les milliers d'oiseaux migrateurs qui fréquentent ces lits de spartines et qui s'y ravitaillent sans façon de vers *Nereis*, de mollusques, de crustacés et de plantes.

Par-delà cette zone, sur les fonds meubles de l'estuaire, parfois remplissant les grandes cuvettes, se déploient des prairies entièrement sous-marines : les lits de zostères. Les minces rubans vert tendre des zostères ondulent gracieusement au fil de l'eau. Leur apparence et leur immersion complète pourraient confondre ceux qui les observent

Pendant la migration printanière, les oies blanches font halte à Rimouski où elles consomment des racines de spartines.

superficiellement, car seules la consistance de leurs feuilles et la présence de fleurs indiquent qu'elles ne sont pas des algues mais des plantes supérieures, au même titre que les spartines. Leur situation paradoxale, que peu de plantes supérieures partagent, les rend particulièrement vulnérables aux maladies et aux altérations du milieu. Quoi qu'il en soit, il appert qu'elles ne sont pas très abondantes dans l'estuaire du Saint-Laurent. On les remarque dans les zones où prolifèrent les anémones de mer *Bunodactis* et *Edwardsia* qui s'enfouissent à leur pied dans le substrat mou. Des gastéropodes comme les littorines et une grande variété d'hydrozoaires, de bryozoaires, de crustacés fouisseurs et de vers s'installent à travers leurs racines ou se fixent directement à leurs feuilles. Certains y demeurent le temps d'une saison, tel le ver spirorbe qui ne vit qu'un été.

L'anémone de mer *Edwardsia* s'enfouit à demi dans la vase agglomérée au pied des plantes marines.

AU-DELÀ
DU BATTEMENT
DES MARÉES

Pour le cosmonaute de la mer qui a longuement et attentivement observé le littoral du Saint-Laurent, la nature des fonds marins ne constitue pas une rupture dans l'espace, mais une version agrandie et plus complète de l'univers des cuvettes. Épargné par la routine de l'assèchement quotidien, le décor est devenu le lieu privilégié où d'innombrables organismes marins s'activent et livrent leur combat pour la vie. L'observateur peut plus assidûment les surprendre en pleine action, à travers leurs rites de survie et leurs ébats initiatiques.

C'est un constat, l'estuaire du Saint-Laurent est porteur de vie et de couleurs éclatantes, ce qui ne manque jamais d'émer-veiller l'explorateur novice ou averti. En effet, le contraste entre la surface uniformément bleu-gris de l'estuaire et l'aspect de ses fonds a de quoi surprendre. Bien qu'à dix mètres sous l'eau la température oscille parfois autour du zéro, des coraux mous et des hydrozoaires y déploient leur délicate architecture sur un tapis d'algues roses et brunes. Chaque centimètre de roche y est assiégé par des milliers de larves en croissance et des centaines d'éponges, de bryozoaires et de tuniciers. Les espèces dominantes, soit le concombre de mer, l'oursin vert et l'anémone de mer, for-ment des agrégats omniprésents, des îlots de couleurs vives dont le nombre et la beauté saisissent l'œil et l'esprit : ces trésors nous sont-ils réellement destinés, à nous qui venons à peine de les découvrir?

Oui, comment oublier la grâce du pétoncle qui s'enfuit à petits bonds, fermant brusquement ses deux valves l'une contre l'autre, ou cette plie dont le décollage a soulevé un voile diaphane de sable? Sans autre souci que leur propre organisation, les ophiures se rassemblent en communautés qui s'enchevêtrent, pour former un kaléidoscope aux mouvances magiques. Les vers tubicoles rétractent leur

Le peuplement typique de l'estuaire comprend des concombres de mer, des anémones de mer et de nombreux mollusques.

Page précédente en haut : Ces hydrozoaires réunis en bouquet sont du genre *Bugula*.

En médaillon : Les branches de ce bryozoaire logent un bon nombre de vers, de crevettes et d'ophiures.

En bas à gauche : Le chaboisseau *Myoxocephalus scorpius* est un as du camouflage; il emprunte tantôt la teinte rosée des algues calcaires, tantôt le coloris sombre d'un rocher.

En bas à droite : Ce corail mou *Gersemia rubiformis* déploie ses fragiles polypes. Le corail mou est aussi appelé framboise de mer.

appendice au moindre mouvement suspect, à peine le temps d'exhiber un superbe panache. Tous les habitants de l'estuaire ne sont pas farouches et fuyants, comme s'ils avaient prévu qu'un jour nous serions des témoins éperdument amoureux de leur mystère et de leurs jeux. La petite lompe à reflets bleus insiste même pour se fixer à la lentille de notre appareil photo. Le chaboisseau ou crapaud de mer *Myoxocephalus scorpius* convoite les palmes des plongeurs, qu'il mordille sans répit. Juste sous nos yeux, ce poisson à large bouche, sans cesse happant tout ce qui bouge, vient d'engloutir un de ses congénères!

LA PERPÉTUATION DE LA VIE

À nos yeux de terriens, l'eau glaciale et l'aspect extérieur de l'estuaire peuvent sembler incompatibles avec les exigences de la vie. Mais des milliers d'invertébrés, de crustacés, de mollusques, de vers et d'échinodermes partagent le point de vue opposé; ils ont développé une incroyable habileté dans l'accomplissement de la tâche primordiale dévolue aux vivants de toutes les espèces : donner la vie. Le rôle prépondérant de la reproduction y est évident : non seulement faut-il remplacer les individus qui meurent, mais il importe d'accroître les populations ou d'en étendre la distribution géographique. Tous les organismes vivants ont une longévité limitée par la mort éventuelle. Leur extinction serait donc inéluctable s'ils étaient incapables de se reproduire. Une fois la reproduction assurée, l'espèce doit encore prévoir le développement harmonieux des nouveau-nés et assumer la protection des jeunes susceptibles d'assurer plus tard la survie de l'espèce. Au cœur de l'estuaire, spécialement au printemps et tôt en été, la saison de reproduction de bon nombre d'invertébrés atteint son sommet. C'est un moment que privilégient ceux qui désirent les connaître. Mais à quelque moment que nous les observions, on peut dire que les animaux sont occupés à cette tâche fondamentale. En effet, dès qu'il a atteint la maturité sexuelle, l'organisme se prépare à la ponte future pendant des mois ou des années, voire durant son existence entière. Le processus nommé gamétogénèse ou synthèse des gamètes comprend la production des spermatozoïdes et des ovocytes. Ces milliers de gamètes mâles ou femelles ne seront pas entreposés au hasard dans le corps de l'organisme, mais conservés précieusement dans un ou plusieurs sacs généralement ramifiés, ou très allongés, appelés gonades. Les gonades sont directement reliées à un ou plusieurs tubes à travers lesquels les gamètes progressent avant d'être expulsés durant la ponte.

Page 55 en haut : L'oursin vert *Strongylocentrotus droebachiensis* forme parfois des agrégats de mille individus par mètre carré.

Page suivante en bas à gauche : Cette coupe histologique montre la gonade femelle du concombre de mer *Psolus fabricii* dont les gros ovocytes mesurent plus de un millimètre de diamètre.

Page suivante en bas à droite : Cette gonade mâle de *Psolus fabricii* regorge de spermatozoïdes.

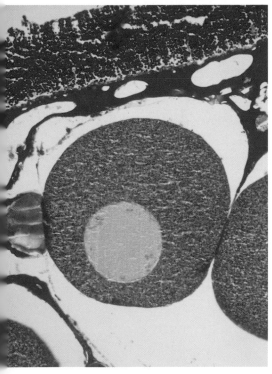

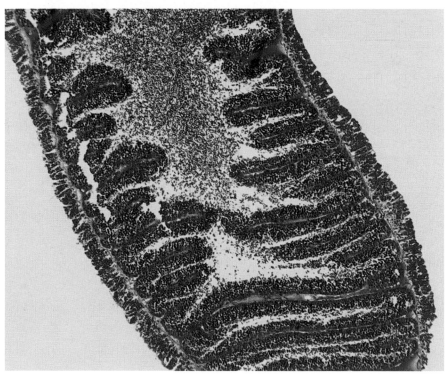

Comme dans beaucoup d'océans du monde, les saisons dans l'estuaire du Saint-Laurent sont marquées par des fluctuations physiques du milieu. Ces signaux environnementaux jouent un rôle important pour la périodicité du cycle reproducteur des différents groupes d'invertébrés marins. Parce qu'ils provoquent le déclenchement de mécanismes physiologiques à l'intérieur de l'organisme, ces signaux contrôlent la progression de la gamétogénèse. Il importe que les gamètes matures soient disponibles en grand nombre au moment de la ponte pour que l'effort fourni par l'espèce représente un investissement sûr. Dans chaque cas, les mâles et les femelles d'une même espèce doivent développer leurs gamètes en synchronie pour que le rendement de la ponte soit optimal. Les principaux facteurs qui permettent l'amorce des premiers stades de la gamétogénèse sont l'augmentation progressive de la durée du jour, qui se

Pages précédentes : Un tel voisinage de concombres et d'anémones de mer se retrouve souvent dans l'estuaire.

En bas : Les mâles et les femelles de l'oursin vert croissent en proportions relativement égales, égalité qui facilite le processus de reproduction de l'espèce.

produit dès la fin de décembre dans l'estuaire du Saint-Laurent, et la hausse constante de la température au printemps. L'horloge interne des individus et la communication chimique entre eux, la nourriture disponible dans le milieu ainsi que les phases lunaires peuvent aussi jouer un rôle dans la synchronisation du processus. Il est également possible que les mécanismes de contrôle de la gamétogénèse diffèrent grandement d'une espèce à l'autre.

Cette préparation subtile ne peut être observée à l'œil nu. Néanmoins, une multitude de signes informent l'observateur de ce qui se trame. Tandis que la mer s'agite au rythme des derniers vents hivernaux et que les glaces achèvent de se dissoudre dans l'écume, le soleil d'avril annonce la saison du renouveau au sein de l'estuaire du Saint-Laurent. Dans quelques semaines, en effet, le réchauffement de l'eau et la luminosité croissante provoqueront l'explosion de l'activité photosynthétique. L'eau prendra la teinte verdâtre des cellules végétales microscopiques en pleine effervescence. Cette floraison du phytoplancton est le signal que de nombreux invertébrés ont attendu pendant la longue nuit de l'hiver québécois.

Aussitôt, les concombres de mer, les éponges, les mollusques, comme beaucoup de créatures marines, se préparent pour la ponte. Leurs tissus reproducteurs sont gonflés par la présence des millions de gamètes qu'ils s'apprêtent à libérer. Chaque organisme affronte à sa façon les risques de la reproduction en pleine mer et avec une si grande ingéniosité que les chercheurs les plus persévérants commencent à peine à en soupçonner les ressources et à en reconnaître les manifestations.

Les oursins verts *Strongylocentrotus droebachiensis*, qui tapissent littéralement les fonds rocheux de la majorité des zones côtières, constituent un excellent modèle d'organisation et d'opportunisme. Rassemblés en colonies étroitement soudées, ils font face à un seul problème majeur, d'ailleurs commun à la majorité des organismes marins : comment

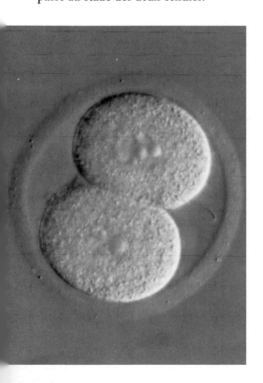

Quelques minutes après la fécondation, l'embryon de l'oursin vert passe au stade des deux cellules.

éviter l'échec de la rencontre entre les ovocytes et les spermatozoïdes? Mâles et femelles excités reçoivent-ils l'ordre d'expulser simultanément leurs millions de gamètes et d'accroître ainsi leurs chances de se rencontrer? Lorsque la pluie printanière de cellules végétales leur parvient, l'eau présente presque aussitôt la laitance prometteuse consécutive à la ponte. Cette manne stimulante entraîne un remue-ménage général, les oursins n'étant pas seuls à faire coïncider la ponte et un indice phytoplanctonique élevé. Les moules, les patelles, les concombres de mer et les ophiures participent parfois aux orgies de l'oursin vert. La soupe gamétique qui en résulte augmente le risque que les gamètes des différentes espèces se perdent dans la masse. Qu'arriverait-il si un ovocyte de moule bleue était courtisé par l'armée spermatique d'un concombre de mer? Convenons-en, les pertes virtuelles de temps et d'énergie entraînées par un tel désordre sont le plus souvent évitées dans le monde sous-marin. Les invertébrés ont mis au point des stratagèmes pour en contrer les excès. Par exemple, certains gamètes femelles découragent l'attaque aveugle des spermatozoïdes d'autres espèces par la synthèse de substances spermicides. De toute évidence, d'autres éléments, autant écologiques que chimiques, jouent un rôle préventif adapté à la circonstance.

Observons le concombre de mer *Cucumaria frondosa* et son cousin écarlate *Psolus fabricii* qui, sous des dehors plus ou moins prometteurs, se montrent capables d'initiatives étonnantes. Malgré leur apparence, et bien que leur appellation familière puisse tromper, ce sont des animaux dont le succès en matière de reproduction est indéniable : ils colonisent l'estuaire, le golfe et la côte atlantique avec une régularité quasi insolente. Or, les facteurs induisant la ponte du concombre de mer sont de la même nature que ceux qui stimulent l'oursin vert. La subtilité de préparation de la ponte de *Cucumaria frondosa* ou de *Psolus fabricii* est remarquable. Les membres des populations qui vivent en eau peu profonde, le long des côtes, profitent du lever du soleil et

En haut : Ce concombre de mer *Cucumaria frondosa,* dressé et les bras déployés, se prépare à pondre.

En bas : Admirons la couronne écarlate du concombre de mer *Psolus fabricii.* La forme arborescente du pore génital, situé à droite de la cavité buccale, identifie le mâle.

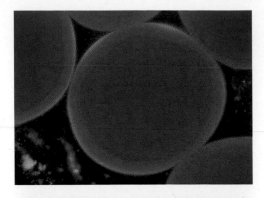

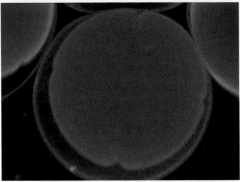

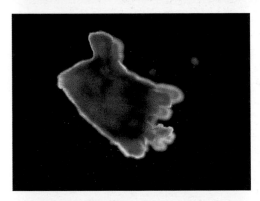

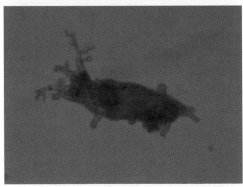

Le développement du concombre de mer *Cucumaria frondosa*. De haut en bas : L'œuf non fécondé; l'embryon au stade des quatre cellules, neuf heures après la fécondation; la pentactula au moment de la fixation; le jeune concombre de mer d'environ cinq millimètres, après un an de croissance.

de l'étale pour l'émission des gamètes. Les quelques mâles les plus sensibles aux facteurs exogènes tels que le phytoplancton, initient le bal en libérant leur sperme, suivis bientôt par l'ensemble des mâles; l'eau saturée de laitance stimulera les femelles. De gros œufs rouges mesurant en moyenne un millimètre de diamètre, c'est-à-dire environ 3 880 fois plus volumineux que ceux de l'oursin, sont expulsés en rangs de perles. La flottabilité positive leur permet de s'élever dans la colonne d'eau, ascension pendant laquelle ils traverseront la strate de sperme qui assure le succès de leur fécondation.

Cette nappe brillante qui ondule en surface au gré des vagues confirme la fertilité des très performants concombres de mer! Ballottés par le flot, les embryons vont lentement se développer durant l'été : deux, quatre, huit, seize, les cellules se multiplieront pour éventuellement atteindre la forme larvaire nommée pentactula. La pentactula coule dès les premiers signes de l'automne vers le calme des profondeurs, là où le jeune concombre de mer grandira pendant environ trois ans avant d'atteindre la maturité sexuelle et de participer à l'aventure de la ponte.

Bien que plus discrète dans sa façon de donner la vie, l'étoile de mer *Leptasterias polaris* n'en est pas moins organisée. Ayant renoncé à la grandiose foire estivale des pondeurs pressés, elle attend la solitude et la paix de l'hiver pour se reproduire. Mais elle doit vaincre un obstacle majeur : l'éparpillement des individus de son espèce. La nature l'y aidera. En effet, les premiers froids de l'automne réveillent le besoin viscéral de *Leptasterias polaris* de retrouver et d'étreindre ses semblables. Les timides attouchements d'octobre deviendront progressivement jusqu'en décembre des empilades impliquant des dizaines d'individus des deux sexes. À la fin de cette activité, chacun reprend ses distances, fin prêt à pondre. Ce sont les mâles, eux-mêmes émoustillés par les fluctuations de la température, qui déclenchent l'opération et stimulent les femelles. Comment se fieraient-ils au phytoplancton si rare en hiver? Différente de la fécondation des concombres de mer, celle de *Leptasterias polaris* a lieu à proximité du fond. Tout d'abord, les filaments de sperme se déposent en vrac sur le substrat rocheux où les spermatozoïdes demeureront peu actifs afin de conserver leur énergie jusqu'à la ponte des femelles. Ils peuvent survivre ainsi plusieurs jours mais, en général, les femelles les plus proches relâchent rapidement leurs œufs d'une façon qui indique que les gamètes mâles ont intérêt à se trouver sur le substrat avant elles. En effet, les femelles pondent peu d'œufs, de 400 à 500 tout au plus, d'une taille comparable à

Cet attroupement massif d'étoiles de mer *Leptasterias polaris* se prépare à la ponte.

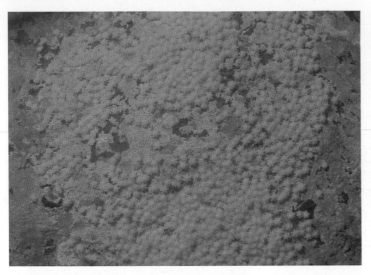

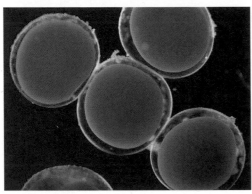

En haut à gauche : Ces jeunes *Leptasterias polaris* sont âgés de six mois et présentent la forme typique d'une étoile de mer.

En haut à droite : La femelle *Leptasterias polaris* se replie en forme de rosette pour couver sa progéniture.

Ci-dessus : Les œufs adhèrent au substrat quelques minutes après la fécondation.

À droite au milieu : L'anémone de mer *Tealia felina* couve ses petits à l'intérieur d'une chambre conçue à cet effet.

À droite en bas : Le gastéropode *Buccinum cyaneum* dépose sur le substrat des capsules remplies d'œufs.

celle des œufs de concombre de mer, et qu'elles gardent dissimulés sous leurs bras enroulés. Au contact des gamètes femelles, les spermatozoïdes retrouvent leur vigueur et leur fonction. Le développement embryonnaire aura lieu entre le substrat et le corps de la femelle. Le froid glacial ralentit considérablement le développement de l'embryon, lequel sera supervisé durant les cinq à six premiers mois par une mère attentive à le défendre contre la prédation. Les jeunes seront libérés lorsqu'ils auront développé tous les attributs d'une étoile de mer miniature, au début de l'été, alors que la nourriture est abondante et la température plus clémente.

On le constate, ces mères ont des comportements admirables. Couveuse modèle, l'anémone de mer *Tealia felina* offre une protection étanche à ses petits qu'elle garde à l'intérieur de son corps, dans une chambre spécialement conçue à cet effet. À l'opposé, certains mollusques couvent à distance, mais avec un soin tout aussi maternel. Les buccins et les nudibranches, entre autres, confectionnent des capsules dans lesquelles peuvent se nicher des millions d'œufs. Ces œufs sont fécondés par la femelle dès leur émission, grâce à une réserve de sperme stockée au moment de la fécondation interne, quelques semaines plus tôt. La guirlande de capsules blanches émise par les femelles est semblable à une dentelle soyeuse, délicatement apposée sur les rochers ou entre les frondes des algues. Les embryons profiteront de la protection

Le nudibranche *Coryphella salmonacea* (à droite) appose des guirlandes d'œufs sur les branches des hydrozoaires (à gauche).

de cette enveloppe pour croître et atteindre la forme adulte. On ne peut dire autant de bien des élans passionnés du crabe *Cancer irroratus* qui agrippe fermement une femelle pendant des jours, voire des semaines avant l'accouplement. Un moyen plutôt drastique de s'assurer la coopération d'une partenaire!

Il existe dans l'estuaire du Saint-Laurent des organismes qui ne dépendent pas uniquement des aléas de la ponte ou de la fécondation. Plusieurs espèces de cnidaires, dont les anémones de mer, peuvent se reproduire asexuellement, sans le concours des gamètes. *Metridium senile*, par exemple, peut donner la vie simplement en se déplaçant. Le fragile disque de fixation de cette anémone de mer se déchire aisément, et chaque fragment de chair abandonné se régénérera pour devenir un parfait clone. Les éponges utilisent parfois le même mode de reproduction passif pour assurer leur descendance. Par la fragmentation, suivie de la régénérescence des tissus détachés, elles ont mis au point un moyen pacifique et autonome de perpétuer leur matériel génétique.

À gauche : Voici l'anémone de mer *Metridium senile* entourée de ses jeunes clones.

À droite : Une telle colonie d'anémones de mer est probablement issue d'un seul individu.

L'ÉTERNEL COMBAT

Astreints à une impitoyable concurrence, les invertébrés ne sont pas forcément amicaux entre eux. Donner la vie est une chose, survivre en est une autre. Pour manger, certains ne reculent devant rien. Pour leur résister, d'autres déploient une remarquable ingéniosité. L'équilibre ainsi créé dessine le tableau dynamique, toujours à compléter, du milieu marin de l'estuaire.

Tous les milieux de vie montrent des contradictions : la compétition et la prédation s'avèrent rudes au sein des populations en apparence inactives d'invertébrés marins; mais elles donnent naissance à de nombreuses stratégies de chasse et d'évasion. Le comportement du concombre de mer *Cucumaria frondosa*, pour un, illustre la capacité des invertébrés de modifier leurs comportements. Au premier contact d'un prédateur, cette holothurie aux déplacements habituellement imperceptibles, s'anime de vigoureuses contractions qui l'arrachent au substrat et lui permettent de fuir devant le danger. Le gastéropode *Buccinum undatum* est la proie privilégiée de l'un des plus actifs prédateurs benthiques de l'estuaire, l'étoile de mer *Leptasterias polaris*. Face à elle, il fera preuve de vigilance et d'agressivité. Agrippé par les pieds ventouses de *Leptasterias polaris*, le mollusque accélère sa délivrance en faisant osciller énergiquement sa coquille à droite et à gauche. Si cet effort ne suffit pas, il martèle la gourmande de violents coups de son pied musculeux.

La redoutable étoile de mer *Leptasterias polaris* en fait enrager d'autres! Peu impressionnant à première vue, avec son corps

Son siphon inhalant permet au gastéropode *Buccinum undatum* de détecter chimiquement ses proies.

L'étoile de mer *Leptasterias polaris* se délecte d'un tunicier sans défense.

marbré de brun et de blanc crémeux, cet échinoderme à six bras est tout, sauf insignifiant. À l'aise dans les profondeurs et sur les côtes irrégulières de l'estuaire, jusqu'à la limite extrême de la marée basse, il s'est adapté aux caractéristiques changeantes de son environnement; sa capacité de repérer et de capturer un bon repas semble illimitée.

Cette créature, dont la ponte soigneusement orchestrée et le comportement maternel irréprochable sont dignes d'être soulignés, vit exclusivement dans les eaux froides et très riches de l'estuaire et du golfe du Saint-Laurent. Occupant pratiquement le haut de l'échelle des prédateurs, l'adulte se déplace à son aise sur les substrats rocheux et meubles, en solitaire ou en groupes de deux ou trois individus par mètre carré. Bien qu'il puisse atteindre une envergure de 45 centimètres et développer un instinct de tueur proportionné à sa taille, cet organisme cryptique passe presque inaperçu à travers le dense couvert d'algues, de coraux mous, d'anémones de mer et d'oursins de son environnement. Mais où *Leptasterias polaris* règne, les indices de son appétit vorace se multiplient : grands trous dans le sédiment, coquilles vides, trophées de chasse qui en font l'ennemi numéro un de presque tous ses voisins. *Leptasterias polaris* n'est pas seulement pourvue de longs bras flexibles munis de puissants pieds ventouses, elle a développé une stratégie de choc à la chasse qui rappelle qu'elle est une véritable machine de guerre. En fait, l'approche d'une *Leptasterias polaris* affamée ressemble à celle des félins. Elle utilise la turbulence de l'eau créée par les mouvements de la marée pour masquer son odeur, attaque promptement et à contre-courant, surprenant ainsi la proie désarmée. Comme elle peut foncer à une vitesse de quatre à dix mètres à l'heure, sa performance lui permet de déjouer ses proies les plus rapides.

Les précautions et les qualités de *Leptasterias polaris* lui sont très utiles puisque ses proies favorites peuvent détecter chimiquement sa présence et en profiter pour s'échapper. Des glucosides solubles spécifiques, connus sous le nom

Les nombreux podia qui hérissent la face ventrale de l'étoile de mer constituent une arme redoutable.

d'astérosaponines, signaleraient la présence de *Leptasterias polaris* à ses proies éventuelles. Les contorsions frénétiques du gastéropode *Buccinum undatum* constituent un exemple des réactions que provoque l'approche de cette étoile de mer. Mais cet adversaire charnu de l'impatiente chasseresse semble valoir pour elle la dépense énergétique d'un dur combat. La coque *Serripes groenlandicus*, capable de s'enfouir dans le substrat, représente un autre défi de taille pour *Leptasterias polaris*, car le bivalve réagit violemment à l'approche de l'ennemie dont l'odeur suscite chez lui la panique et la fuite immédiate dans le substrat. Pour l'en extraire à plus de trente centimètres, l'étoile de mer creuse le sol avec acharnement. Au premier contact, la victime frappe l'assaillante de son pied pour déstabiliser les podia en train d'investir sa coquille. En cas d'échec, les centaines de podia arrimés de part et

Cette étoile de mer creuse le substrat, probablement en vue d'en extraire un mollusque.

d'autre des valves du mollusque exercent une ferme pression pour ouvrir l'armure de calcaire. La chair alors exposée sera prédigérée dans l'estomac évaginé de la prédatrice, puis engouffrée. Seules deux valves immaculées seront laissées pour compte. Est-il nécessaire d'imaginer une colonie d'étoiles carnivores dans un lit de moules bleues sans défense ou à l'assaut d'insouciants tuniciers pour classer la redoutable chasseresse dans la même catégorie que les fauves?

Divers prédateurs, plus passifs que *Leptasterias polaris* mais tout aussi efficaces, évoluent dans le même environnement, du moins dans l'estuaire du Saint-Laurent. L'anémone de mer *Tealia felina*, qui se fixe occasionnellement au pied de falaises rocheuses, attend calmement qu'un oursin hors d'équilibre dégringole sous l'assaut d'une vague pour le capturer. Petites proies faciles, les oursins

Les étoiles de mer *Asterias vulgaris* s'attaquent en groupe aux bancs de moules.

En haut : Cet oursin vert subit
l'étreinte mortelle de l'anémone de mer
Tealia felina.

Au milieu à gauche : Un tel contingent
d'oursins verts peut dévaster un jardin
d'algues en quelques jours.

Au milieu à droite : L'étoile de mer
Crossaster papposus est en quête d'un
oursin vert pour son dîner.

En bas à droite : L'étoile de mer se
retrouve rarement en si mauvaise
posture.

risquent d'être avalés tout ronds par l'étoile de mer soleil *Crossaster papposus.* Mais oublions leur fragilité face aux anémones et aux étoiles de mer, puisque les oursins se révèlent d'excellents prédateurs eux-mêmes. Ces hérissons d'eau salée se tracent un chemin lentement mais brutalement à travers les somptueux jardins d'algues dont leur passage échevelle et dévaste de grandes étendues. Mais qui donc jonche le sable et la vase de centaines de coquilles vides? Une étoile de mer? Non. Le petit orifice que l'on note sur chaque coquille évidée est la marque de commerce du gastéropode *Lunatia heros* dont le mode d'attaque s'effectue en trois temps : il déterre la proie, perfore ensuite sa coquille et introduit dans l'orifice un proboscis qui aspire la chair de la victime.

Les indices d'une incessante activité prédatrice se multiplient, laissant des traces de violence ici, de digestion tranquille ailleurs, rouages délicats de l'immense machine alimentaire de l'estuaire. Tel nudibranche a dégusté les polypes d'un hydrozoaire. Un crabe araignée fouille prestement la vase pour trouver des vers. Des ophiures et des concombres de mer tendent leurs longs bras flexibles, tels des

Le gastéropode *Lunatia heros* sème la mort sur son passage.

filets, afin de capturer le plancton en suspension dans l'eau. Des mangeurs de vase en extraient les bactéries et les algues microscopiques qui forment la base de leur régime alimentaire. Des buccins s'agitent autour du cadavre d'un poisson.

Les invertébrés de l'estuaire constituent eux-mêmes l'ordinaire de nombreux vertébrés. Le loup de mer, pour un, broie l'oursin vert dont il consomme la chair. Le maquereau, la plie et le chaboisseau s'offrent un repas *fast food* parmi les milliers d'organismes qui forment un couvert aisément accessible, qui ne s'épuise jamais. Des oiseaux cueillent sur la grève crabes, clams, moules, vers et oursins peu armés pour contester le choix du goéland ou de l'eider. Et que dire des filets et des dragues des humains, consommateurs friands de mollusques, de crustacés et autres bestioles offertes à leur insatiable convoitise? Souvent – ô ironie du sort! – c'est en essayant d'échapper à ces habiles pêcheurs que la crevette *Pandalus montagui* se jettera, effarouchée, dans les bras d'une anémone de mer aux aguets!

À gauche : Ces étoiles de mer *Henricia* partagent une savoureuse éponge.

À droite : Ce nudibranche escalade un hydrozoaire dont il broute paisiblement les tendres polypes.

En haut : Ce crabe *Cancer irroratus* s'apprête à déguster un oursin vert.

En bas : Pareil au gourmand qui se lèche les doigts, le concombre de mer *Psolus fabricii* introduit l'un de ses bras dans sa bouche pour en extraire le plancton.

La loi de la jungle sous-marine a incité de nombreux animaux à développer certains moyens de défense préventifs. Ainsi, quelques buccins et bernard-l'hermite, par exemple, encouragent des anémones de mer à coloniser leur coquille, pour améliorer leur chétive apparence et bénéficier des tentacules urticants des invitées, en cas d'agression. Plusieurs invertébrés tentent d'éluder tout risque en s'efforçant d'échapper à la vue des prédateurs. Le crabe araignée *Hyas araneus*, pour un, collectionne des fragments d'éponges, d'algues et d'hydrozoaires dont il recouvre sa carapace pour obtenir un camouflage très convaincant. Des petites créatures se cachent dans les orifices d'animaux plus volumineux. Par exemple, une ophiure s'est glissée dans l'un des oscules de cette éponge. De prudentes espèces sécrètent des toxines, d'autres possèdent une anatomie ou une coloration qui leur permet de se fondre dans l'environnement.

L'oscule de cette grande éponge *Melonanchora* abrite une ophiure *Ophiopholis aculeata.*

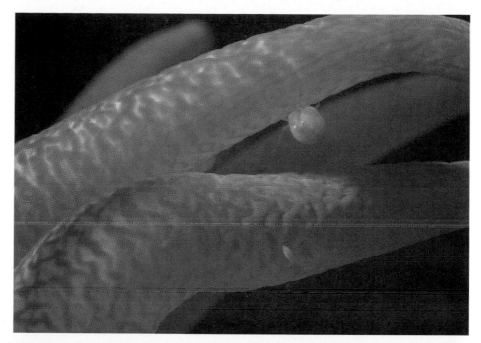

En haut : Ce minuscule ostracode se cache entre les tentacules urticants d'une anémone de mer.

En bas : Le crabe araignée *Hyas araneus* se déguise au moyen de fragments d'algues, d'éponges et d'hydrozoaires.

78

Page précédente : Chaque étoile de mer *Crossaster papposus* semble disposer d'un patron exclusif pour présenter la coloration de l'espèce.

D'OÙ VIENNENT TANT DE COULEURS?

L'explorateur de l'univers estuarien du Saint-Laurent ne manque pas d'être ébahi par ses couleurs, aussi vives et lumineuses que le bleu du ciel et le vert des feuilles. Le tableau est aussi saisissant qu'inattendu : les animaux déploient des parures qui les mettent sans doute en évidence pour nous, mais qui contribuent d'abord à confondre leurs prédateurs. Éclats rouges et jaunes, taches bleues, brunes, mauves et vertes s'entremêlent pour former des tapis dont l'éclat n'a d'égal que l'infinie variété. Vers, mollusques, échinodermes et poissons transforment le silence des profondeurs en un langage visuel que tout vivant peut interpréter à son propre usage. Mais d'où vient donc que des animaux isolés dans la mer puissent utiliser un tel langage?

La couleur particulière d'un animal ou d'un quelconque objet logé dans la mer dépend des composantes de la lumière

Le fond extrêmement coloré de l'estuaire est peuplé d'éponges, d'anémones de mer, d'algues encroûtantes et de concombres de mer.

79

qu'il absorbe et de celles qu'il réfléchit. Les animaux marins ont mis au point deux façons distinctes d'absorber ou de réfléchir les composantes de la lumière. La première se rattache à la structure physique de leurs tissus superficiels. C'est la présence d'infimes particules ou de cristaux sur le corps de certains poissons qui disperse la lumière, générant des bleus souvent très clairs, à peu près uniformes. L'iridescence et le chatoiement des coquilles de certains mollusques et des soies de quelques vers polychètes sont dus aux irrégularités de la surface qu'ils présentent à la lumière.

Le second type de coloration est tributaire de pigments présents dans les tissus des animaux. Ces pigments possèdent des structures moléculaires variées qui leur permettent d'absorber sélectivement les couleurs et d'en produire un large éventail allant du jaune au violet. Les mélanines sont

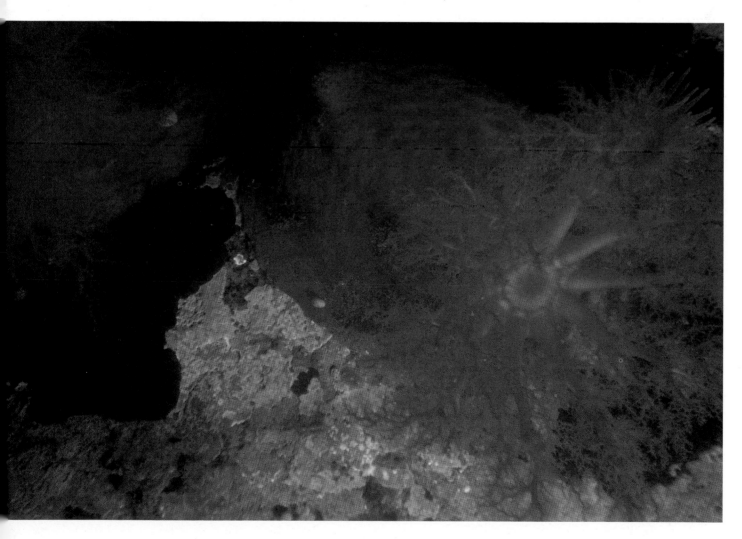

responsables de la robe foncée d'un grand nombre des organismes de l'estuaire du Saint-Laurent. On en retrouve dans les tissus des échinodermes, des cnidaires et des mollusques. L'anémone de mer *Metridium senile*, entre autres, en est porteuse. Les céphalopodes, pieuvres et calmars, rejettent une encre dont le noir correspond aux granules de mélanine qu'elle contient. Les poissons plats, comme la plie, parviennent à modifier assez rapidement leur couleur, simplement en dispersant ou en concentrant des granules de mélanine.

Générant des couleurs souvent plus claires et plus brillantes que les effets de la mélanine, les ommochromes affectent plusieurs animaux marins de l'estuaire. Les yeux et les chromatophores des crevettes *Crangon septemspinosa* en contiennent sous la forme de granules d'un brun violacé. Les changements de teintes qui caractérisent ces crustacés

Les tons brunâtres de l'anémone de mer *Metridium senile* proviennent de la mélanine dont elle est dépositaire.

proviennent du mouvement des granules à l'intérieur des chromatophores. Les mêmes pigments permettent aux chromatophores de la pieuvre et d'autres céphalopodes de modifier rapidement la coloration de la peau de l'animal. Les animaux sont rarement pourvus du pigment appelé violet tyrien dont la teinte mauve est détectable dans le mucus de gastéropodes tels que le buccin.

Les caroténoïdes sont, avec les mélanines, les pigments les plus répandus dans le monde animal. Synthétisés exclusivement par les plantes, ils doivent être ingérés par les animaux qui veulent en tirer profit. L'anémone de mer *Metridium senile* doit sa coloration variable à un heureux mélange de caroténoïdes et de mélanines. Les anémones roses et orangées disposent surtout des premiers. Les plus foncées utilisent une plus grande proportion de mélanines. Les crustacés font également bon usage des caroténoïdes

La plie se camoufle aisément sur un fond rocheux.

associés à des protéines pour produire une riche gamme chromatique. La carapace bleu-noir du homard *Homarus americanus*, ses antennes orange et ses œufs verts profitent de toute évidence d'une association de caroténoïdes et de protéines. La dénaturation de cet assemblage provoque l'émergence de l'écarlate du homard bouilli, car l'ébullition n'épargne que la composante caroténoïde de sa pigmentation. On retrouve des mélanges similaires dans l'étoile de mer *Asterias vulgaris* parée, selon la dose, de rouge, de brun, de jaune ou de violet.

Ce brillant étalage servirait-il uniquement à la parure des animaux? Pas tout à fait. Les pigments jouent un rôle multiple au sein de la mer : ils protègent les espèces contre les radiations nocives du soleil, fournissent des signaux visuels, stimulent l'alimentation et le développement embryonnaire, transportent des électrons, favorisent l'olfaction et la vision des organismes. Le camouflage, l'attraction sexuelle et la communication au sein d'un banc de poissons seraient autant de phénomènes rattachables au taux de pigmentation des organismes.

On pourrait aussi relier la signification des couleurs au style de vie de chaque espèce. Plusieurs prennent avantage d'une plus grande visibilité pour signaler aux prédateurs éventuels le danger qu'elles représentent. Les couleurs agressives soulignent effectivement le risque lié à la consommation d'animaux aussi vivement colorés que le concombre de mer écarlate *Psolus fabricii* et certaines espèces de nudibranches. Le consommateur d'invertébrés parviendrait quant à lui à associer ces couleurs et les moyens de défense de l'adversaire. Le phénomène est encore peu connu, avouons-le, mais l'extraordinaire éclat de quelques invertébrés de l'estuaire nous pousse à chercher une explication rationnelle à un tel luxe.

Un autre point reste en suspens lorsque l'on considère la couleur des organismes marins : quelques-uns d'entre eux montrent une coloration kaléidoscopique, comme le chiton

En haut : Une déficience pigmentaire
est à l'origine de la coloration du
homard bleu.

En bas : Le concombre de mer écarlate
se fait très visible sur les fonds de
l'estuaire.

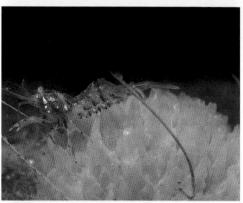

En haut : Presque translucide, la crevette *Pandalus montagui* se fond aisément dans l'environnement.

Au milieu et en bas : Cette crevette *Lebbeus* se dissimule aussi efficacement à l'ombre d'une éponge que dans un bouquet d'hydrozoaires.

et l'ophiure. La mosaïque qui caractérise ces espèces du Saint-Laurent n'est pas sans nous intriguer. L'animal tenterait-il de concurrencer l'hétérogénéité des substrats qu'il fréquente en développant un reflet de toutes les teintes ambiantes, dans le but de protéger sa sécurité ou son anonymat?

Mais toutes les espèces ne s'affichent pas aussi ouvertement, au contraire. Bon nombre d'organismes demeurent peu ou pas visibles dans le décor qu'ils ont choisi, et ne sont pratiquement pas repérables, comme la crevette *Pandalus montagui* et les *Mysis*. D'autres espèces s'adonnent au mimétisme, adoptant avec plus ou moins de succès la forme ou la couleur des objets environnants ou d'organismes mieux armés qu'elles-mêmes. Par ailleurs, la quasi-transparence des méduses et des cténophores les rend à peine perceptibles dans l'eau.

Plusieurs animaux, dont le nudibranche *Dendronotus frondosus*, doivent une partie de leur couleur à leur régime alimentaire. Apparemment incapables de synthétiser certains pigments, ils subtiliseraient ceux des cnidaires qu'ils ingèrent et les stockeraient, par précaution ou par nécessité, dans leurs propres tissus. L'art de ces organismes consiste à se confondre visuellement, aussi parfaitement que possible, avec leur proie ou dans le milieu ambiant.

La présence d'organismes aux couleurs franches dans le noir des cavernes ou dans la zone aphotique de l'estuaire continuera longtemps d'interroger la science et l'intelligence humaine. À qui ou à quoi la beauté et l'effervescence secrètes de la nature sont-elles dédiées? Sommes-nous les seuls concernés par le mystérieux décorum que nous découvrons au hasard de progrès techniques aléatoires, ou les organismes eux-mêmes ont-ils conscience des effets de leur indéniable séduction?

Pages suivantes : L'ophiure *Ophiopholis aculeata* se risque brièvement hors de sa cachette.

À droite : Le nudibranche *Dendronotus frondosus* doit son camouflage à la couleur des hydrozoaires dont il se nourrit.

En bas : Cette crevette *Pandalus montagui* se voit à peine sur le fond d'algues roses et rouges.

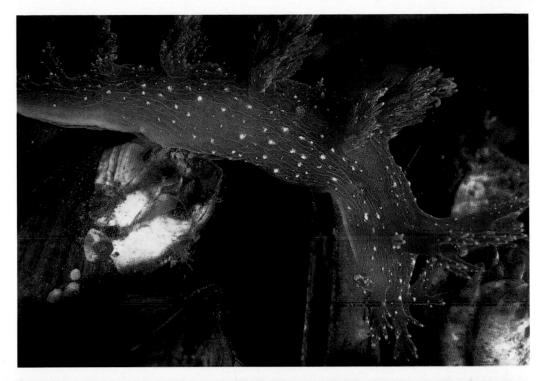

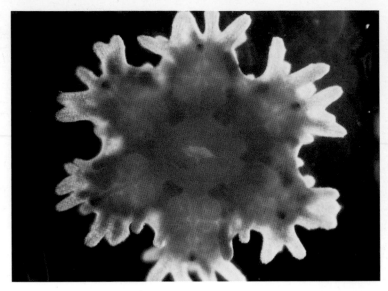

À gauche : Dès l'âge de six mois, l'étoile de mer possède déjà des ocelles rouges à l'extrémité de chaque bras.

À droite : Des ocelles argentés ourlent le manteau du pétoncle d'Islande *Chlamys islandicus*.

VOIR SOUS L'EAU, UNE NÉCESSITÉ

Chose certaine, la nature ne nous a pas abandonné le monopole de la lumière, pas plus qu'elle ne l'a consenti à quelques mammifères privilégiés de la planète. Plusieurs espèces d'invertébrés, dont un grand nombre constamment immergées, utilisent leur capacité visuelle pour survivre.

Cette capacité de capter la lumière est générale au sein du monde vivant, même au service d'organismes qui, apparemment, ne disposent pas de photorécepteurs spécialisés. Ceux-là «sentiraient» la différence entre le jour, l'ombre et la nuit comme nous éprouvons la chaleur ou le froid. Comment? Nombre d'espèces de mollusques – la mye, par exemple – sont privées d'yeux et ne possèdent aucun équivalent de l'organe de la vue qui nous est le plus familier. Le moins qu'on puisse dire, c'est que l'utilité de l'œil serait plutôt douteuse dans les ténèbres du substrat où elles se réfugient. Nous croyons toutefois que les cellules réniformes greffées au siphon, sorte de trompe aspirante qui émerge du substrat, permettraient à la mye de détecter les variations lumineuses, sans que se forme la moindre image au niveau des cellules responsables.

Certains invertébrés possèdent des photorécepteurs apparents et une organisation visuelle complexe. Les photorécepteurs les plus primitifs sont les ocelles; ils ne

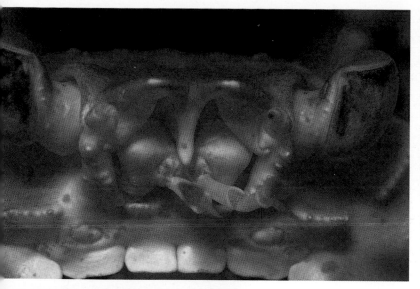

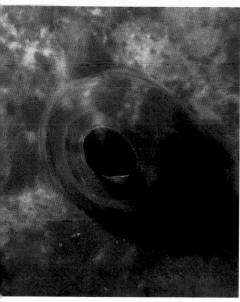

En haut à gauche : Le crabe des neiges *Chionoecetes opilio* possède des yeux composés.

En haut à droite : Les yeux de la crevette lui permettent de circuler efficacement dans son environnement.

En bas : Quel regard direct que celui du chaboisseau!

fournissent qu'une information limitée mais permettent à l'organisme de détecter la direction et l'intensité de la lumière. La perception de l'environnement est alors faite d'ombres interposées entre l'organisme et la source lumineuse. Différents types d'ocelles caractérisent notamment les étoiles de mer, les méduses et les vers.

D'autres invertébrés de l'estuaire ont développé des photorécepteurs hautement performants. Les yeux composés des crustacés, crabes, crevettes ou homards, sont généralement situés sur la tête. Ils sont constitués de plusieurs unités indépendantes qui ne fournissent probablement pas une image très nette de l'environnement, mais assez fidèle pour que le crabe ou la crevette se déplace vite et bien dans son milieu.

Prédateurs actifs, brouteurs ou détritivores doués d'un odorat exceptionnel, les céphalopodes, dont le calmar et la pieuvre, jouissent d'une vision extrêmement efficace. Leurs yeux se comparent à ceux des vertébrés; ils sont composés d'une cornée, de lentilles, d'une chambre et d'une rétine. C'est à ce titre qu'ils occupent le sommet du raffinement technique visuel parmi les invertébrés aptes à détecter des couleurs, ce qui les apparente aux poissons.

ENTRE L'HOMME ET LE TUNICIER : UN LIEN ORIGINEL

Si nous parlions maintenant, entre parenthèses, disons, des tuniciers installés sur tel promontoire rocheux, drapés dans leur royale livrée orangée : de quel secret millénaire ces minuscules outres seraient-elles porteuses, si l'on en croit de savantes théories?

Eh bien! il semble que les urochordés, dont ces tuniciers sont les héritiers actuellement les plus répandus, soient les ancêtres des vertébrés que nous, les mammifères, les poissons, les amphibiens, les reptiles représentons aujourd'hui avec orgueil. Impossible, direz-vous. Les adultes tuniciers de tous les océans du globe sont une engeance sessile, rivée au substrat et obtenant sa nourriture en filtrant l'eau! Admettons que l'idée de reconnaître en eux l'ancêtre d'un oiseau ou d'un mammifère paraît plutôt saugrenue. Attention, l'adulte

Les pêches de mer *Halocynthia pyriformis* forment parfois de petites communautés.

n'est nullement en cause. Il faut en effet se référer à la forme juvénile du tunicier pour entrevoir la possibilité d'une telle filiation.

Les tuniciers modernes ont des larves mobiles en forme de têtard que leur queue musculeuse propulse dans l'eau. La tête de ces larves est plus ou moins un pharynx élargi qui sert à filtrer la nourriture. Fait important : cette larve présente une notochorde, c'est-à-dire une sorte d'esquisse de colonne vertébrale. Normalement, l'ascidie atteint la maturité sexuelle après avoir passé de la forme pélagique à la forme sessile. C'est à cette étape de la métamorphose que la notochorde se résorbe. Pourtant, à l'occasion, cette larve atteint la maturité sexuelle et la capacité de se reproduire avant de se métamorphoser en adulte. On appelle cette propriété la néoténie. Se pourrait-il qu'une lignée de têtards de tunicier au stade pélagique, munis de la notochorde et

Didemnum albidum **est un tunicier colonial.**

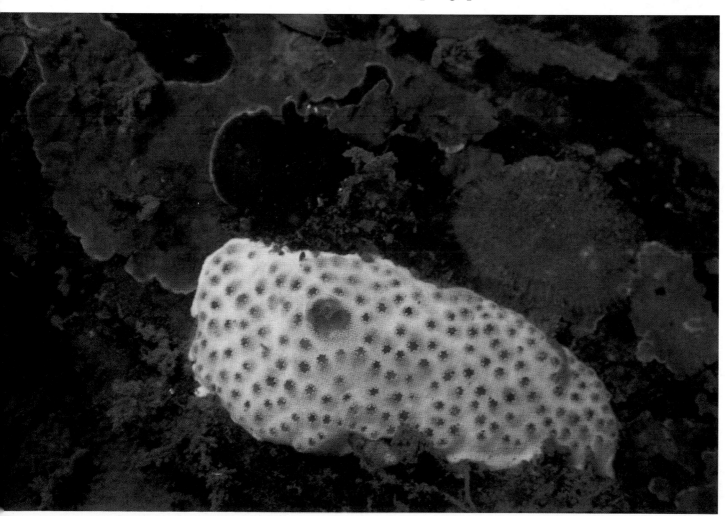

À droite : Ces translucides et délicats tuniciers appartiennent au genre *Molgula*.

En bas : Les pêches de mer s'alimentent au moyen de leurs siphons inhalant et exhalant.

aptes à se reproduire, ait donné naissance aux céphalochordés primitifs et à des vertébrés? Pourquoi pas?

D'autres exemples de néoténie ont été découverts à travers le règne animal et appuient la thèse de ce tunicier néotène de 500 millions d'années, peut-être responsable de l'émergence des vertébrés. On sait déjà que l'apparition des premières formes connues de vertébrés terrestres et aquatiques est liée au développement progressif des vertébrés marins primitifs. De là à regarder nos tuniciers de l'estuaire d'un œil plus averti, il n'y a qu'un clin d'œil à la mystérieuse histoire de la vie, n'est-ce pas?

Mais laissons les larves du tunicier évoluer de façon à provoquer l'apparition d'organismes vertébrés au cours des millénaires, et considérons les tuniciers adultes qui ont survécu selon les normes de leur famille. Plusieurs de ces espèces vivent solitaires ou en colonies serrées dans l'estuaire du Saint-Laurent. Elles sont parfois de taille réduite et quasi invisibles à l'œil nu, parfois aussi grosses que le poing. *Halocynthia pyriformis* peut atteindre 12 centimètres de hauteur et affecte la forme d'une pêche; *Boltenia ovifera* ressemble à une patate, et *Boltenia echinata* fait figure de hérisson nain. Ils portent tous des couleurs vives : l'orange, le mauve ou le rose. À certains moments de l'année, leurs larves pélagiques élancées et diaphanes atteindront près de un centimètre de longueur. Elles monteront alors à la surface de l'eau, le soir, irrésistiblement attirées par les rayons des lampes sous-marines. Au nom d'une hypothèse qui restera leur heure de gloire, contemplons un instant avec respect ces minuscules formes grouillantes qui ont peut-être joué un rôle fondamental au sein de la création du monde, en préparant notre propre apparition sur la Terre…

LA VIE AU GRÉ DES VAGUES ET DES COURANTS

Lorsqu'il quitte les fonds hauts en couleur de l'estuaire pour remonter vers la surface, le plongeur se sent bien seul face à l'immensité liquide. Rien de trop rassurant non plus pour l'observateur à bord d'une embarcation de pêche ou de plaisance qui contemple l'étendue du Saint-Laurent, redoutant on ne sait quel sursaut du géant endormi. C'est que l'infinitude de l'estuaire autant que notre propre fragilité a de quoi donner le vertige aux plus courageux! Mais si nous faisons abstraction de l'apparente monstruosité de l'habitat régulièrement soumis aux humeurs des marées et des courants, au profit des organismes de toute taille qui hantent ses abîmes, notre crainte se mue en admiration. Nés d'un maelström de conditions physico-chimiques, portés et nourris par le puissant mouvement qui relie l'océan et le fleuve, ce sont ces infiniment petits comme ces infiniment grands qui donnent à l'estuaire son rythme et son souffle. Comment ne pas chercher à connaître leurs secrets?

Ne sommes-nous pas conscients que, presque toujours à notre insu, des phénomènes apparemment sans rapport entre eux contribuent ensemble au maintien du cycle de la vie? Au moment où la neige fond, tôt au printemps, de nombreux cours d'eau se déversent en furie dans le Saint-Laurent avec leur chargement de sédiments arrachés aux sols qu'ils ont raclés. Quelques semaines plus tard, alors que s'enhardissent les rayons du soleil, une couche chaude et légère se forme près de la surface par-dessus une épaisseur plus dense et plus froide : elles sont séparées l'une de l'autre par une thermo-halocline à forts gradients de température et de salinité. La surface de l'eau, enrichie par les apports printaniers et par ceux de l'hiver, est le siège d'une production primaire due aux algues qui intensifient leur activité photosynthétique et se multiplient. Cette floraison favorise la croissance de

Nous voici au cœur de l'estuaire du Saint-Laurent, près du fjord du Saguenay.

minuscules brouteurs, puis de petits carnivores qui deviennent aussitôt la proie de prédateurs de plus grande taille, selon la loi qui règle la chaîne alimentaire universelle. Lorsque les espèces des niveaux trophiques supérieurs meurent, la décomposition des cadavres par les micro-organismes assure le recyclage d'éléments nutritifs à nouveau disponibles pour les plantules. Ce cycle constitue un des modes de réapprovisionnement du milieu marin en éléments nutritifs, très efficace dans l'estuaire du Saint-Laurent.

Malgré tout, au cours de l'été, les nutriments à la base de cette activité commencent à manquer dans la couche superficielle et la production diminue d'autant, si bien qu'au moment où l'hiver enveloppe l'estuaire de son manteau blanc, ses habitants ont ralenti et attendront que l'équilibre entre la turbulence et les forces stabilisatrices de la nature se rétablisse pour refaire le plein.

Nous l'avons noté déjà, même libres de toute pollution, les eaux du Saint-Laurent montrent la couleur verdâtre ou bleu foncé caractéristique de leur grande productivité. En effet, des plantes et des animaux microscopiques, dont le foisonnement constitue ce qu'on appelle le plancton, ainsi que des particules en suspension dans l'eau y entretiennent un épais brouillard, principalement au printemps et en automne. Le plongeur n'y voit guère à plus de un mètre devant lui lorsque la production planctonique culmine. Et même durant le jour, à 40 mètres de profondeur, c'est la nuit. Définitivement.

L'habitat pélagique est peuplé en majorité par des êtres infinitésimaux que notre œil est bien incapable de percevoir. Cela n'empêche que le plancton, bien qu'inapte à contrer les courants dominants et dérivant avec eux, puisse se déplacer à sa propre échelle, afin de répondre à ses besoins élémentaires : se loger, se nourrir et se reproduire. De forme et de taille très variées, d'origine animale (crustacés, cnidaires, vers, mollusques) ou végétale (diatomées et dinoflagellés), prédateur ou proie, il possède une capacité natatoire «périodique» plus ou moins considérable. Du femtoplancton, dont le diamètre mesure de deux centièmes à deux dixièmes de micromètre, au mégaplancton, dont le tour de taille atteint plusieurs mètres, tous les organismes planctoniques évoluent dans la colonne d'eau au gré des courants. Ils participent largement, nous ne le répéterons jamais assez, au cycle alimentaire de l'ensemble des écosystèmes marins.

En eau douce comme en eau salée, la couche superficielle de la masse aqueuse est éclairée; elle «usine» une quantité industrielle d'algues unicellulaires microscopiques variées qui composent ce qu'on appelle le phytoplancton. Les diatomées *Coscinodiscus, Skeletonema, Thalassiosira,* les dinoflagellés et les coccolithophores sont les groupes les plus largement représentés dans l'estuaire maritime du Saint-Laurent. Ces cellules végétales, dites autotrophes, utilisent l'énergie du soleil et les nutriments disponibles dans la colonne d'eau pour se développer. Presque tous les occupants de la majorité des océans et des mers de la planète doivent leur survie, directement ou indirectement, au phytoplancton. Les organismes les plus immédiatement dépendants des algues microscopiques sont certainement les animalcules du zooplancton. Les zones les mieux pourvues de l'estuaire comptent plusieurs milliers d'individus par mètre cube d'eau, dont 79 à 90 % sont des copépodes, en majorité du genre *Calanus.* Les euphausiacés occupent une place très importante, tant

Le *Mysis* est un organisme planctonique très présent en eau peu profonde.

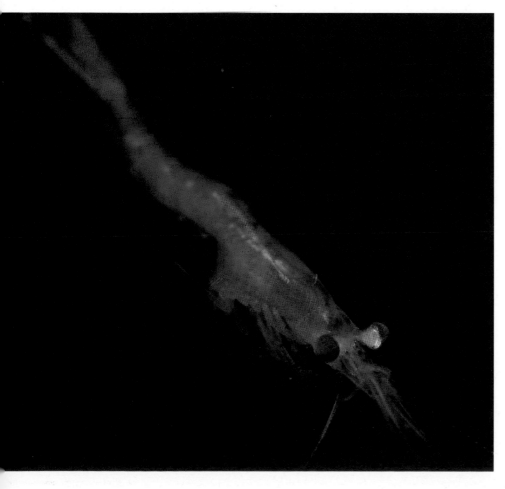

par leur taille que par leur nombre, dans la réserve zooplanctonique du Saint-Laurent. Attirés par ces confréries de brouteurs de premier ordre, des nuées de lançons et de capelans vont et viennent avec un synchronisme à couper le souffle, comme une vague argentée réverbérant les rayons du soleil qui les frappent. Ils seront bientôt rejoints par d'innombrables créatures marines dont le maquereau, la morue, le hareng et le sébaste. La baleine, pour sa part, ingère au moins mille milliards de ces infimes créatures végétales, sans compter sa part du zooplancton et les bancs de poissons de ses faramineuses collations!

Afin de se maintenir dans la colonne d'eau et d'éviter la sédimentation, la plupart des organismes planctoniques animaux ou végétaux ont développé un système de flottaison qui se révèle parfois très ingénieux. Par exemple, certains d'entre eux retiennent des bulles d'air ou des gouttelettes de

Ce frétillant banc de lançons *Ammodytes americanus* évolue en parfaite synchronie.

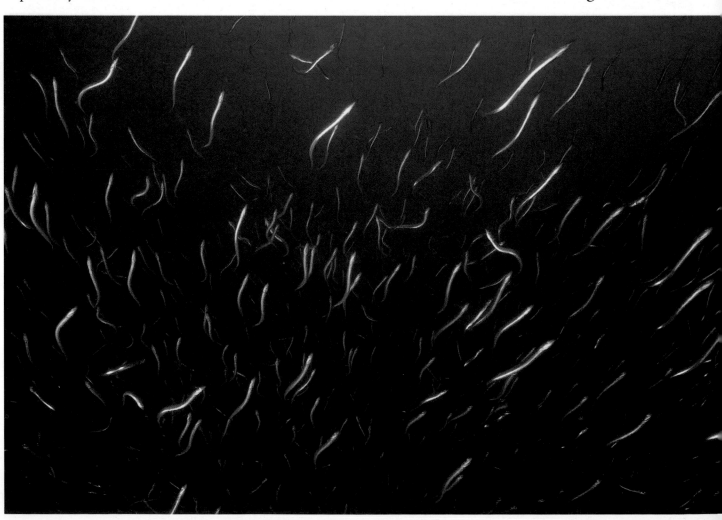

À droite : Le plongeur muni d'une lampe de poche attire rapidement une marée d'euphausiacés curieux.

En bas : Le petit rorqual *Balaenoptera acutorostrata* utilise ses fanons pour capturer les poissons dont il se nourrit.

Page précédente : Comme les autres mammifères marins, le petit rorqual doit fréquemment refaire surface pour respirer.

Pages suivantes en arrière-plan : Le ventre gonflé de ce petit rorqual indique qu'il vient d'engouffrer bon nombre de poissons.

Médaillons des pages suivantes : La méduse crinière de lion *Cyanea capillata* peut déployer ses tentacules à plus de 100 mètres.

La plus grande et l'une des méduses les plus toxiques se nomme *Cyanea capillata*.

lipides dans leurs tissus pour diminuer leur densité. D'autres utilisent les courants de surface pour se déplacer ou pour stationner dans les zones favorables de la colonne d'eau. Quelques organismes ont une capacité natatoire qui leur permet de contrôler leur propre sédimentation (des crustacés, par exemple). Les algues *Chaetoceros* et *Skeletonema*, quant à elles, augmentent leur surface corporelle par l'extension de leurs tissus ou en s'agrégeant pour former une chaîne.

Bien que la majeure partie des activités du plancton demeurent peu perceptibles à l'œil humain, certains animaux et certains de leurs comportements ne manquent pas d'attirer l'attention. Parce qu'il constitue la base de la chaîne alimentaire et qu'il est la clé de l'alimentation universelle, le phytoplancton constitue une menace : il peut en effet causer des désastres à l'échelle de son importance. Comment? Voyons le cas spectaculaire du dinoflagellé appelé *Alexandrium excavatum*, alias *Protogonyolax tamarensis*, alias *Gonyolax*, etc. Généralement peu abondant, il explose parfois en pics démographiques incontrôlables. L'une de ses remarquables particularités est de donner à l'eau une coloration rougeâtre. Une autre, non moins évidente, est d'entraîner, en se multipliant lui-même, la mort ou l'intoxication de poissons et de divers invertébrés. Bien que plusieurs des invertébrés suspensivores qui consomment ces dinoflagellés semblent demeurer en santé, ils accumulent des toxines qui peuvent avoir un effet néfaste sur les humains consommateurs de moules et d'huîtres, par exemple. Les poissons les absorbent directement ou indirectement; leurs branchies sont parfois obstruées par les algues et ils peuvent en mourir.

À l'opposé de telles hécatombes, et pour des raisons d'ordre esthétique, on peut être certain que la rencontre d'une gracieuse méduse évoluant entre deux eaux ne passera pas inaperçue. Les méduses sont considérées comme l'un des groupes planctoniques les plus imposants. *Cyanea* comprend des représentants très costauds dont les tentacules peuvent atteindre plus de 100 mètres. Plus petite et très discrète,

Aurelia en mouvement fait penser à une soucoupe volante. Quelques méduses n'envahiront l'estuaire que durant des périodes précises de l'année. Parmi celles-là, les hydroméduses forment un groupe très particulier. Vaisseaux reproducteurs des hydrozoaires benthiques, elles empruntent la forme de minuscules ombelles qui s'égaillent par milliers au moment de la reproduction. S'y mêlent parfois des armadas de ballons translucides que l'on confond facilement avec les petites méduses, tant ils leur ressemblent. Néanmoins, ces cténophores munis de rangées de cils natatoires n'en sont que les proches parents. Quel ravissement lorsque la lumière du soleil irise de ses feux ces délicates créatures!

Être témoin d'une ponte massive, voilà un «extra» rarement offert à l'observateur d'occasion qui n'en sera que

L'hydroméduse est le vaisseau reproducteur de l'hydrozoaire.

plus bouleversé si le spectacle lui est offert. La ponte de certaines espèces benthiques, comme les éponges, les échinodermes, les tuniciers et les cnidaires, s'avère une période planctonique faste : c'est le moment où, dans la colonne d'eau, des millions de gamètes sont relâchés au hasard, précédant de peu l'éclosion de larves capables de nager. Les larves de nombreux échinodermes, dont le concombre de mer, l'oursin, des vers et des mollusques, sont munies de cils locomoteurs et peuvent se déplacer pendant un certain temps; elles se fixeront au substrat dans un avenir plus ou moins éloigné, quelques jours ou quelques semaines. La métamorphose qui les mène à la forme benthique s'accompagne de la perte de leurs cils locomoteurs, ce qui limite leur appartenance à la formation planctonique, dans le temps sinon dans l'espace. Leur alliance temporaire avec le

À gauche : Le cténophore *Pleurobrachia pileus* est aussi appelé groseille de mer.

À droite : Ces larves de homard se déplacent temporairement avec le plancton.

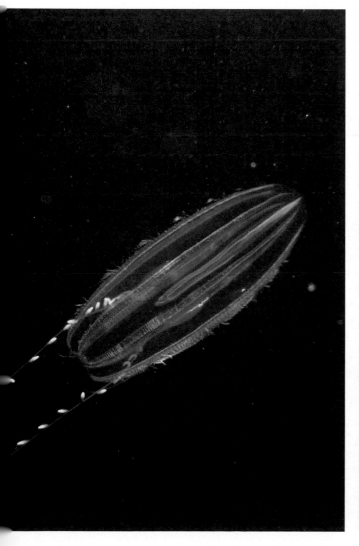

plancton les rend aptes à coloniser de nouveaux sites tout en assurant une plus large distribution de leurs effectifs dans les différents milieux.

Certaines périodes de l'année sont particulièrement propices à de formidables rassemblements zooplanctoniques, notamment la floraison printanière du phytoplancton. Malgré la taille insignifiante de chacun d'eux, les animaux se déplacent alors en bataillons impressionnants qui donnent à l'eau la consistance d'une soupe gélatineuse. La migration verticale de quelques espèces de copépodes et d'euphausiacés, par exemple, illustre bien l'un des déplacements massifs de ces nomades qui plongent vers les profondeurs à l'aurore et regagnent la surface au crépuscule, alors que la noirceur les rend moins vulnérables à la prédation. La migration peut être reliée à la température de l'eau et à la direction des courants; mais c'est la lumière qui s'avère le stimulus le plus constant.

Arrêtons-nous un instant : la journée s'achève, le soleil glisse lentement vers les nuées de l'horizon d'où ses flèches éclatantes semblent jaillir. Sur la grève, des groupes humains se préparent à une plongée nocturne. Le ciel s'obscurcit. Une autre lumière, qui danse et chatoie, apparaît soudain, prolongeant sur l'estuaire l'enchantement du soleil couchant. C'est la sarabande nordique de l'aurore boréale, nulle part au monde aussi vive, aussi exaltante à travers ses géantes illuminations. Pourtant, le couronnement de cette nuit magique viendra de la mer elle-même. En effet, à peine a-t-on franchi la frontière de l'eau que l'eau elle-même s'allume, que des constellations de microscopiques étoiles explosent, moulant les corps et les dressant, enflammés, sur la nuit marine. Le phénomène, une fête silencieuse à laquelle ces invités privilégiés se livrent dans le ravissement, s'appelle la bioluminescence.

Dans l'estuaire du Saint-Laurent, la bioluminescence est d'abord l'effet de l'activité des dinoflagellés que les mouvements en surface «attisent» en augmentant la quantité d'oxygène dont ils disposent normalement. S'ensuit une cascade de réactions métaboliques qui s'achèvent par l'émission d'une lueur verdâtre, dont l'éclat contraste vivement avec les eaux calmes et sombres que la turbulence n'atteint pas. Spectacle intemporel s'il en est, capable de vous arracher à toute préoccupation susceptible d'en briser la magie! Bien que nous ne puissions les distinguer, d'autres habitants se terrent dans la nuit qui nous entoure. Le faisceau d'une lampe de poche aura tôt fait d'en attirer une multitude. Crevettes, copépodes et amphipodes, qui se sont aventurés en pleine eau, convergent frénétiquement vers la clarté des projecteurs qui les aimante et les aveugle. Intrigués par ce remue-ménage, des prédateurs pélagiques, la pieuvre *Bathypolypus arcticus* ou le calmar *Illex illecerebrosus*, s'approchent prudemment de cet en-cas aussi délectable qu'imprévu. La frénésie nocturne ne cessera qu'avec le départ des plongeurs, alors que les eaux noires se refermeront sur les secrets inviolés de l'estuaire.

Nul savant ne saurait compter et nommer les organismes de toutes les espèces qui vivent dans l'estuaire apparemment désert de notre fleuve. Nul n'a encore fabriqué le filet assez fin qui permettrait de capturer les milliards de vivants que même l'intuition du poète ne saurait représenter avec exactitude. Chaque nouvelle incursion au sein de la masse de l'estuaire ne peut que susciter ou entretenir le sentiment que ses frontières ne sont pas du ressort des calculs scientifiques ni des élucubrations de notre imagination. Seul le désir de connaître s'y meut en liberté, par delà les rudes contraintes de la vie animale dans la mer; l'œil est ébloui, conquis par la beauté et la diversité de l'Inconnu, dont une large part demeurera, sans doute à jamais, l'Inconnaissable.

De quelque point de la terre que l'on observe la mer entre l'Arctique et l'Antarctique, en passant par l'équateur et les tropiques, la végétation de ses îles et la clarté du ciel composent un panorama dédié à l'épanouissement des forces vives de la planète. L'estuaire du Saint-Laurent n'échappe pas à cette promesse universelle qui réunit la terre, le ciel, l'air et l'eau pour l'œuvre gigantesque de la Vie. Mais notre croyance s'étend-elle aux profondeurs de la mer, aux limbes silencieux et nus qu'elle dérobe à nos regards?

DANS LES SOMBRES PROFONDEURS

Transportons-nous en pensée sur les fonds du chenal laurentien, à l'abri de l'agitation des flots. Comment? Imaginons que nous avons emprunté l'un de ces véhicules modernes qui rendent possible une visite sous-marine, le bathyscaphe. La descente de l'appareil est lente, mais nous aurons franchi sans encombre 5, 50, 100, 200 mètres, en moins de temps qu'il n'en faut pour l'écrire! La lumière s'est diluée, réfractée par les particules en suspension, puis absorbée, une couleur après l'autre : les rouges ont disparu en premier, puis les orangés, les jaunes, les verts, les violets… De toute façon, à 40 mètres sous le Saint-Laurent, il fait nuit même en plein jour. Nous pénétrons dans l'obscurité et le froid perpétuels de la zone dite aphotique. La pression a augmenté. La flore, d'abord envahissante, fait place à des étendues de sédiments compacts ou floconneux où pullulent les bactéries. La faune familière des côtes de l'estuaire est désormais absente; celle de la nuit sans fin nous attend, avec ses formes inédites, ses mœurs peu connues.

Les fosses sous-marines les plus remarquables du Saint-Laurent plongent à près de 350 mètres dans le chenal laurentien. Elles dissimulent une faune non moins pittoresque que celle des abysses océaniques. On peut même

Page suivante en haut : Le crabe *Hyas coarctatus* fouille la vase en quête de nourriture.

Au milieu : Les ophiures *Ophiura sarsi* évoluent par centaines à 200 ou 300 mètres de profondeur.

En bas : Cette loquette d'Amérique porte aussi le nom de *Macrozoarces americanus*.

La crevette *Lebbeus groenlandicus* s'enfouit régulièrement dans le substrat meuble.

En médaillon : L'hydrozoaire solitaire *Hybocodon* colonise avec succès les substrats meubles des profondeurs de l'estuaire.

avancer que les profondeurs du Saint-Laurent abritent une « ménagerie » dont la diversité se compare à celle des côtes de son estuaire. Ce n'est pas peu dire!

Le prolongement sous-marin des falaises abruptes de la région des Escoumins, sur la rive nord de l'estuaire, se compose de roc et de gravier. Les pentes moins considérables aboutissent dans des mini-plaines de vase d'aspect lunaire, trouées de crevasses et parsemées de monticules rocheux. Il n'existe apparemment plus, ici, ni couleur ni lumière, rien qu'un magma aride et épais.

Pourtant ces fonds inhospitaliers sont habités. Braquons sur eux nos phares imaginaires. Soudain, de forts regroupements d'ophiures *Ophiura sarsi* constellent d'étoiles le sol balayé par les projecteurs. Les effleurements rocheux sont couverts de colonies de concombres de mer et d'anémones de mer. Avez-vous aperçu *Pennatula aculeata*,

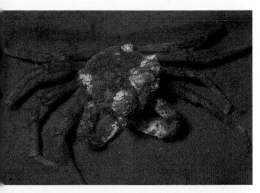

cette plume de mer bioluminescente qui, nichée dans la vase ou le corail mou, accueille sans douleur les bras de *Gorgonocephalus arcticus*, une ophiure dont le diamètre respectable ne semble pas lui en imposer! Allons surprendre ces bernard-l'hermite *Pagurus* qui font la nique à leurs prédateurs, à moitié ensevelis sous un couvert d'anémones de mer *Hormatia*, *Actinauge* ou *Tealia*; ou la rouge *Hippasteria phrygiana*, cette étoile de mer dont les larges pieds ventouses servent de raquettes pour circuler sur le terrain mou. Et pourquoi pas *Ctenodiscus crispatus*, l'étoile de mer biscuit, qui préfère pour sa sécurité s'enfoncer dans les sédiments? Elle dispose d'ailleurs à cette fin de pieds privés de ventouse terminale et d'un corps presque sans aspérités. Si nous suivions cette patrouille de crabes des neiges *Chionoecetes opilio* et de crabes épineux qui fouillent avidement d'invisibles terriers, en quête de nourriture? Comme eux

nous découvrons alors l'incroyable peuplement de la vase, les vers polychètes, les bivalves et les amphipodes. Si nous nous en approchons, ces centaines de crevettes *Pandalus* se mettront à danser frénétiquement. Chut! Là-bas se reposent de délicats *Brisaster fragilis*, ces oursins en forme de cœur et mangeurs de vase, dont le nom rappelle que leur test se brise sous la moindre pression. Peut-être aurons-nous la chance, malgré ses fugaces apparitions, d'identifier la petite pieuvre *Bathypolypus arcticus* ou quelque gracieuse raie. Tout semble possible dans cet univers perdu!

Mais comment se nourrissent-ils, ces animaux plongés dans les ténèbres glaciales de la zone aphotique? Concombres de mer, gammares, ophiures, vers, éponges et anémones de mer, tous sont dépendants des particules organiques contenues dans le sol ou dans la colonne d'eau. Ils n'ont évidemment pas la vie facile au fond du Saint-Laurent.

L'anémone noduleuse *Hormatia nodosa* (en haut) et l'ophiure géante *Gorgonocephalus arcticus* (en bas) sont des habituées des profondeurs.

Heureusement, pour pallier la rareté de nourriture, les organismes y sont répartis en espèces plus nombreuses et moins prolifiques, c'est-à-dire que des besoins alimentaires plus variés permettent une meilleure utilisation des ressources disponibles. La zone aphotique elle-même ne profite initialement que du produit de l'activité bactérienne; les organismes sont donc essentiellement tributaires de la production des zones supérieures. Or cette manne couvre lentement la distance de haut en bas : les plus minuscules particules, par exemple, mettront plusieurs jours à la franchir. Et ce poisson, qui pesait 30 kilos à sa mort, ne pèse plus que quelques grammes lorsqu'il atteint le fond… quand il y parvient! La neige marine, composée d'agrégats inertes, de matière organique, de plancton végétal et animal ainsi que de bactéries, procure un supplément de diète à l'ensemble des colonies établies dans la zone.

En haut : *Tealia felina* est la plus commune des anémones de mer des profondeurs; elle se fixe sur les galets qui parsèment la vase.

En bas : L'éponge *Phakellia ventilabrum* prend la forme d'un calice.

On ne s'étonnera pas que ces organismes soient généralement de petite taille, bien qu'on ait signalé quelques cas de
gigantisme. Le peu de nourriture dont ils disposent en
ralentit la croissance et en limite la reproduction. On sait
que la quantité de nutriments auxquels ils ont accès est
proportionnée à la profondeur des sites et à la productivité
des couches supérieures. Les populations benthiques de
l'estuaire du Saint-Laurent ont par conséquent un développement lié à la proximité de la côte, les eaux de surface y
étant plus fertiles que celles du centre de l'estuaire. L'estuaire
du Saint-Laurent offre en ce sens une zone aphotique
relativement riche.

N'y a-t-il vraiment aucune source de clarté pour animer
la nuit des profondeurs de l'estuaire? Eh bien, si. Le
phénomène, que nous avons déjà décrit dans un chapitre
précédent, rappelle les feux émis par les lucioles terrestres. La
bioluminescence, donc, est produite sous la mer par les
photophores ou par l'intermédiaire de bactéries symbiotiques
présentes dans les organes de certains poissons et de quelques
invertébrés. Saviez-vous qu'elle peut transformer la nuit
marine en un véritable feu d'artifice? Nous, rêveurs
euphoriques, ne pouvons qu'admirer ce spectacle silence et
lumière du plus magique effet.

Les sources alimentaires fragiles et la nécessité
impérative d'échapper à la prédation ont provoqué le
développement d'adaptations morphologiques, parfois
spectaculaires, parmi les espèces benthiques et pélagiques de
l'estuaire du Saint-Laurent. Certains poissons exhibent des
yeux proéminents destinés non pas à voir plus efficacement,
bien qu'ils détectent la clarté, mais à émettre un signal qui
attire les proies ou leur permet de communiquer avec leurs
semblables.

Les invertébrés de l'ombre ne manquent pas de moyens
de défense. La pieuvre *Bathypolypus* possède des yeux
démesurés; une plume de mer, *Pennatula,* dispose d'organes
bioluminescents qui s'allument si brusquement dans le noir

qu'elle sème l'épouvante parmi les prédateurs. Les crevettes rougeâtres ont privilégié ce camouflage qui les rend moins vulnérables, le rouge n'étant plus détectable au niveau où elles évoluent. Les astuces visant à s'approprier la nourriture à travers les sédiments sont à la fois remarquables et discrètes. Certains invertébrés font transiter les sédiments dans leur tube digestif pour en extraire les éléments nutritifs, en collaboration avec une multitude de bactéries logées dans leur intestin. Les antennes très longues de quelques crustacés détectent les proies à distance.

Les moyens dont disposent actuellement les chercheurs voués à l'océanographie biologique ne permettent pas encore d'avoir une vision globale de l'organisation de la vie des espèces dans les profondeurs de l'estuaire. Les plus puissants appareils d'exploration ne permettent d'observer qu'un territoire limité, ce qui réduit la possibilité de réunir, pour un examen plus général, des éléments disparates dont le nombre ne cesse de grandir au fil de plongées de plus en plus spécialisées.

Mais une chose est sûre : sous des pressions dont la force dépasse l'entendement, et disposant de sources alimentaires réduites, la vie est présente à plus de 300 mètres sous la surface de l'eau dans l'estuaire du Saint-Laurent. Monde méconnu, peu fréquentable ou carrément hostile? Plus tout à fait inaccessible en tout cas! En quittant ces fonds silencieux, encore émerveillés par des images, des promesses, des découvertes d'une si totale gratuité, pour rien au monde nous ne souhaitons échanger l'inquiétant horizon qui s'ouvre à nous contre les images rassurantes que nous retrouverons là-haut, en plein soleil, sur la terre ferme.

... Enfin, un jour, l'homme vint à la mer, l'Estuaire s'ouvrit pour lui offrir ses merveilles même les plus secrètes.

L'homme y puisa sans compter, à pleins filets, à pleines barques.

Séduit par les largesses de l'Estuaire, il s'approcha de ses rivages, y établit ses hameaux, ses villages, ses villes.

Charmé par l'accueil de l'Estuaire, il en fit le serviteur de ses ports, de ses cités insatiables.

Vint ce jour semblable à la nuit où l'homme déversa dans le sein de l'Estuaire des poisons, les produits de ses usines, d'ignobles bouillons toxiques.

Et l'Estuaire devint la demeure mortelle de milliers de vivants que l'homme, effrayé, puis convaincu, résolut de sauver.

S'ouvrit le siècle de la régénération des eaux, de la résurrection des espèces rendues à l'Estuaire, du retour à la splendeur de ses jardins profonds.

L'homme et l'Estuaire furent réconciliés en ce temps-là, qui n'est pas éloigné de nous :

c'était AUJOURD'HUI.

L'HOMME ET L'ESTUAIRE, AMIS OU ENNEMIS?

L'ESTUAIRE du Saint-Laurent est une des zones vitales du Québec, en fait la plus imposante et la plus vulnérable de toutes celles que nous avons réussi à apprivoiser. Objet de notre ébahissement lorsque nous en découvrons les ressources, nous l'avons pourtant tenu longtemps à l'écart de nos préoccupations et de nos investissements. Nous allons tenter, en échange des secrets qui nous ont été livrés, de nous employer à mieux définir l'ampleur de son rôle, de même que l'urgence et la rigueur de celui qui nous est dévolu en tant que descendants d'un peuple dont l'histoire et la survivance ne forment qu'un avec celles de son fleuve et de son estuaire.

Chaque fois que nous nous sommes dressés devant l'immensité de l'estuaire caressé par la brise, endormi sous l'hiver ou secoué par la tempête, la pensée que ce précieux habitat dépendait de nous a bouleversé notre jouissance tranquille du géant déployé sous nos yeux. Et combien fragiles nous sont apparus les jardins dissimulés sous ses flots! Après maintes années de recherche, des centaines de plongées, d'innombrables expéditions sur le littoral, la fascination que l'estuaire du Saint-Laurent exerce sur nous demeure intacte; mais elle est désormais intimement marquée par le sentiment que nous avons négligé notre devoir et qu'il est plus que temps de nous reprendre.

LES ALÉAS D'UNE LONGUE RELATION

La ligne de conduite observée envers cet héritage naturel accuse des courbes et des reculs. Le fleuve et ses affluents ont été monopolisés par l'industrie et par l'agriculture, accaparés par la création de villes de plus en plus nombreuses et pourvues d'équipements de plus en plus spécialisés. Le voisinage de la métropole, par exemple, aura donné aux eaux du fleuve un aspect et une consistance qui en soulignent l'insalubrité et le croupissement. Comment imaginer, vus du

Cette petite marina est située dans la baie des Roses, dans le Havre du Bic.

123

port de Montréal, la majesté de l'estuaire et le peuplement extraordinaire de ses eaux? Et se pourrait-il que le tort causé à la santé du fleuve soit irréversible?

Nos rapports avec le Saint-Laurent sont d'abord utilitaires, avouons-le. N'est-il pas devenu l'une des routes privilégiées du commerce grâce à son accès aux ports des Grands Lacs? Un trafic naval supérieur à celui des canaux de Suez et de Panama réunis en a fait l'une des voies navigables les plus achalandées d'Amérique du Nord : chaque année, plus de 19 000 vaisseaux y acheminent plus de 111 millions de tonnes de marchandises. Près de 7 000 pêcheurs y exercent leur métier. Les risques reliés à une telle activité sont énormes. Les bateaux-citernes transportent des cargaisons de produits toxiques, pesticides ou pétrole. Les catastrophes écologiques constituent une menace constante : des chenaux

Une des nombreuses îles du parc provincial du Bic.

peu profonds et les glaces de l'hiver ont entraîné plus de
200 déversements pétroliers en moins de 10 ans.

Des traces de l'empiètement humain ont marqué le sol,
l'air et l'eau du Québec : herbicides, fertilisants, rejets
d'égouts, métaux et hydrocarbures pétroliers ont formé des
concentrations locales inquiétantes. L'estuaire lui-même ne
serait pas encore contaminé à hautes doses; il figure actuellement parmi les zones à faible ou moyen taux de pollution,
surtout lorsqu'on le compare à Port Alberni (dans l'Ouest
canadien), à Chesapeake Bay (dans le Nord-Est américain), à
Frierfjord (en Norvège) ou à la majorité des côtes
européennes et sud-américaines. Les chercheurs dévoués à ces
régions se moquent de nos craintes lorsque nous discutons
avec eux de toxicologie environnementale. D'après leurs
calculs, des niveaux de contamination des sédiments par les
dioxines et les furanes s'avéreraient être de 5 à 1 000 fois

supérieurs à ceux de l'estuaire du Saint-Laurent. Ce constat constitue à nos yeux un encouragement à passer à l'action le plus vite possible, non à nous croiser les bras!

D'aussi bonnes nouvelles ne nous autorisent pas à sous-estimer le défi que représente une telle action. Des tonnes de mercure et de résidus d'hydrocarbures, répandues alors que l'activité industrielle du Saguenay culminait, se sont stockées sous des sédiments plus sains et dans les tissus de plusieurs animaux benthiques du voisinage. Que se passerait-il si les activités de pêche et le dragage en éveillaient la menace endormie? Nombre d'usines et la plupart des fermes déversent encore leurs déchets dans l'eau, et cela en dépit de l'accent mis sur la dépollution. Les barrages hydro-électriques qui affectent le débit d'eau douce dans l'estuaire ont un impact non négligeable sur la production primaire et, donc, sur le succès de la reproduction des nombreuses espèces animales, à des moments précis de leur évolution. De

Ce chalut à panneaux fait lentement remonter à la surface la pêche du jour.

l'infinitésimal phytoplancton au gigantesque mammifère marin, la chaîne alimentaire tout entière écope. L'homme, qui en occupe le sommet, paie la note tôt ou tard. La pollution atmosphérique ajoutée à une mauvaise gestion des pêches contribue également à mettre les ressources naturelles de l'estuaire en péril. Nous prétendons pourtant exiger encore davantage du géant guetté par l'asphyxie!

Nous sommes inquiets, soit, mais nous continuons de minimiser l'impact de nos actions sur l'environnement. Le seuil d'alerte des concentrations est savamment déterminé pour chaque contaminant. Mais qu'arrive-t-il lorsque les poisons se combinent et passent de l'eau douce à l'eau salée, ou l'inverse? Certaines espèces animales ou végétales, particulèrement sensibles à tel ou tel type de pollution, nous renseignent sur le niveau de contamination. Mais cette expertise est-elle vraiment significative à l'échelle d'un écosystème dont la complexité nous échappe en grande

partie? Et le niveau critique ou létal déterminé pour chaque substance identifiée sur notre liste prioritaire est-il le seul qui fasse loi? Nous savions déjà, et nous en avons commencé la démonstration, que certaines concentrations nettement inférieures à la norme sont susceptibles de causer des anomalies anatomiques et fonctionnelles, souvent mortelles à long terme. Nous savons également que des quantités de ces substances échappant à la détection peuvent entraver la reproduction et la survie de certains organismes. Réalisons-nous que les pesticides ou les herbicides abondants sur nos marchés, et dont nous ne connaissons que certains effets sur la flore ou la faune, agissent aussi dans les cours d'eau voisins? Devant tant d'ignorance, de quel moyen disposons-nous pour empêcher la contamination par l'utilisation des produits toxiques? Nous n'en voyons qu'un : évaluer notre héritage naturel en regard de l'utilité réelle des produits nocifs que nous employons.

Les populations animales et végétales de l'estuaire semblent tenir bon contre l'assaut massif de la pollution et des besoins humains. Mais nous savons tous que des espèces sont touchées, nos spectaculaires bélugas, par exemple, et la morue qui a pratiquement disparu de nos tables. Certains d'entre nous ont réagi vivement et s'efforcent de sauvegarder l'environnement plutôt que de fermer les yeux sur cette urgence ou de se résigner au dépérissement de notre patrimoine naturel. Une partie des efforts de recherche du Québec s'oriente aujourd'hui vers une meilleure compréhension de la situation et entretient le désir de protéger le fleuve et l'estuaire. Le Plan d'action Saint-Laurent, soutenu par un investissement de plusieurs millions de dollars, en constitue un bel exemple. Il permettra d'identifier et de contenir les différentes sources de pollution qui affectent le Saint-Laurent. Des préoccupations moins scientifiques, mais peut-être plus efficaces auprès de la population, se sont traduites par de remarquables réalisations. Voyons-en quelques-unes.

Le Biodôme de Montréal et l'Aquarium du Québec nous ont ouvert des hublots sur le fleuve et l'estuaire du Saint-Laurent en réunissant des représentants des populations des cuvettes, des profondeurs et des eaux vives de l'estuaire de façon à les protéger, à les faire connaître et apprécier par tous. À défaut d'une promenade sur la grève ou d'une plongée dans le Saint-Laurent, ces bulles scientifiquement organisées procurent aux citadins et aux visiteurs l'occasion de découvrir l'un ou l'autre des mystérieux jardins qui font l'objet de cet ouvrage.

Les instantanés de l'estuaire y sont évidemment à une échelle incomparablement réduite. Mais le modèle grandeur nature existe à plusieurs exemplaires : en effet, les parcs nationaux et provinciaux ainsi que des réserves florissantes jalonnent les rives du Saint-Laurent, occupant des îles bénies des dieux, des berges fragiles que nous pouvons agréablement

Les couleurs de l'automne habillent bellement l'estuaire du Saint-Laurent.

fréquenter : le parc du Bic, les parcs du Saguenay, les réserves de la baie de l'Isle-Verte et du cap Tourmente figurent parmi les plus remarquables écrins destinés à immortaliser les trésors de l'estuaire.

Des dizaines de sanctuaires disséminés le long de routes pittoresques, sur les deux rives du Saint-Laurent, contribuent à leur façon à la valorisation et à la préservation du littoral. L'odeur des embruns pénètre et imprègne l'archipel de Montmagny, les rivages de Métis-sur-Mer, les falaises des Escoumins et de Sept-Îles, les battures de Kamouraska, les marais salants de Pointe-au-Père, les parages de l'île aux Basques et de l'île aux Coudres, pour ne mentionner que ceux-là.

Aux adeptes de la plongée, le Saint-Laurent ouvre ses nids secrets. Quelques sites ont acquis une réputation méritée car ils sont aussi aisément accessibles que royalement dotés d'une

Le pied des rochers de Charlevoix baigne dans l'eau glacée de l'estuaire.

Page précédente : La vision d'une confrérie d'anémones de mer plumeuses est un moment inoubliable pour le plongeur.

admirable floraison faunique. Les Escoumins, avec ses eaux froides et ses fonds hardiment colorés, figure en tête de liste. Cette capitale québécoise de la plongée sous-marine invite à découvrir les sites des Méchins et l'archipel de Sept-Îles, le Centre écologique de Port-au-Saumon, les Grandes-Bergeronnes et Tadoussac, dont les merveilles continuent de mystifier ceux qui ont pu s'en approcher.

À quoi bon choisir? Chaque berge, chaque rivage qui s'étire au fil du mirifique estuaire est une source d'inépuisable surprise et de total dépaysement. Il suffit d'ouvrir l'œil et l'esprit, l'instant d'une marée peut-être...

En bas : Ce plongeur aperçoit le corail mou *Gersemia rubiformis,* seul représentant corallien de l'estuaire.

UNE VISITE, ÇA SE PRÉPARE

Ce chapitre de notre hommage au Saint-Laurent, que nous avons failli escamoter par crainte de nous répéter et de vous en rebattre les oreilles, nous apparaît finalement comme un signe d'amitié et une occasion de réaffirmer que le grand estuaire mérite notre respect. Vous étiez déjà conquis par notre plaidoyer? Votre curiosité s'éveillait et vous poussait à tenter l'aventure d'une excursion?

Si vous prenez le temps de vous y préparer, vous ne le regretterez pas. Chacune des saisons de l'estuaire a son charme mais l'hiver québécois enveloppe de glace et de neige la majeure partie des berges du Saint-Laurent. Entre les mois de janvier et de mai, le littoral lui-même et la surface de l'eau échappent donc à l'observation. Seuls quelques endroits de la Côte-Nord, la région des Escoumins, entre autres, demeurent libres et donnent accès à l'estuaire en permettant l'exercice de la plongée sous-marine. Ces sites ne sont toutefois nullement à l'abri des glaces à la dérive ni des vents capricieux du secteur; il convient donc d'y observer la plus grande prudence. Le risque en vaut la peine, car tard en automne et durant l'hiver, la transparence de l'eau et la parfaite visibilité réservent au plongeur averti de purs moments de joie et de contemplation.

Le printemps, au contraire, accueille brutalement les curieux. L'approche de l'estuaire est pourtant de plus en plus praticable. Mais le fleuve se livre alors au charroi des glaces avec impétuosité, perd toute transparence en plus de recevoir les eaux tumultueuses des rivières en crue. Quant aux conditions estivales, elles varient d'une journée à l'autre, parfois au cours de la même journée. Seul point fixe : l'eau demeure froide, à moins de 10 °C. Votre sécurité et votre bien-être exigent que vous portiez un habit de plongée isothermique. Sinon, gare à l'hypothermie!

Mais il n'y en a pas que pour les plongeurs, même s'il est hors de question de se promener sur la grève durant les mois d'hiver, et peu attirant de s'y attarder dès le printemps, puisque le paysage n'offre alors qu'une pâle esquisse de l'été à venir. Mais de juillet à octobre, l'environnement profite de l'éloignement de l'hiver, la faune et la flore occupent entièrement leur place sur le littoral. Si vous prenez soin de vérifier les périodes de marée basse, en consultant les tables régionales correspondantes, votre plaisir est garanti.

Pour profiter de la marée, rendez-vous sur le site d'exploration avant que le plus bas niveau du reflux soit atteint, suivez tranquillement le mouvement descendant de la marée; vous aurez le temps de muser à votre aise avant le flux, c'est-à-dire que vous jouirez de quatre à cinq heures d'observation ou de méditation devant le passionnant inventaire qui vous y attend. Les plongeurs, de leur côté, peuvent profiter de l'étale ou du flux. Les courants puissants qui se bousculent dans l'estuaire du Saint-Laurent exigent d'eux, qu'ils soient expérimentés ou non, qu'ils montrent la plus grande prudence afin de n'être pas déportés hors de la zone de sécurité.

À quoi un tête-à-tête avec un crabe *Hyas araneus* fait-il rêver un plongeur?

Au Québec, la température fluctue rapidement, la canicule et la brise cèdent sporadiquement aux averses et aux bourrasques venues du large. Si vous arpentez le littoral chaussé de bottes confortables et vêtu d'un chandail ou d'un imperméable, vous affronterez sans peine les humeurs de dame Nature. N'oubliez pas non plus les « pelures de bananes » qui recouvrent les rochers, ces algues gluantes qui menacent votre équilibre et pourraient vous obliger à d'éprouvantes acrobaties pour éviter la chute.

Attention! Il faudra surveiller votre montre, ne partez surtout pas sans elle. Dans l'euphorie de l'exploration, le temps s'écoule insensiblement, la mer peut vous isoler de façon plutôt inconfortable ou vous obliger à prendre un bain glacial avant de regagner le rivage…

Vous l'avez compris, pour qu'une visite du Saint-Laurent soit aussi agréable que nous le promettons, les règles de

138

sécurité les plus élémentaires de la randonnée ou de la plongée sous-marine doivent être scrupuleusement observées : elles sont inspirées par le respect que nous vous portons et par celui que vous devez à votre environnement.

LE CODE D'ÉTHIQUE DE L'EXPLORATEUR MARIN

Nous croyons non seulement possible mais nécessaire de découvrir les beautés de l'estuaire du Saint-Laurent sans les accaparer, les retoucher ni les détruire. Tout milieu aussi richement doté par la nature peut donner l'illusion qu'il est trop grand pour être vulnérable. Détrompons-nous : la rencontre de notre géant requiert une approche toute de sensibilité et d'attachement aux plus délicates manifestations de la vie. Comment atténuer l'effet de notre passage sur une faune et une flore que notre œil discerne à peine ou ne perçoit même pas? Cette surface rocheuse, par exemple, est

L'observateur égoïste peut devenir une menace pour la vie marine.

recouverte de milliers de minuscules organismes. Un seul pas un peu lourd en écrase aisément plusieurs centaines; patelles, balanes, littorines et moules, ces miniatures de la vie marine, ne vous laissent pas indifférent mais… distrait. Par égard pour elles, évitez les rochers «habités», utilisez ceux qui sont secs et nus. Si vous n'avez pas le choix, passez aussi vite et légèrement que possible, car ces animaux que vous risquez d'éliminer auraient contribué, à leur façon peu voyante mais efficace, à l'équilibre et au maintien de la vie sur l'immense littoral du Saint-Laurent. Si infimes que soient ces animaux, plusieurs années sont souvent nécessaires à leur développement et leur rang dans la chaîne alimentaire se situe à la base de l'édifice dont nous occupons le sommet. C'est un pensez-y bien.

L'observateur doit parfois déplacer une roche pour voir ce qui se cache dessous, et sa curiosité est tout à fait légitime; pourquoi ne pas remettre exactement à sa place la pierre ainsi

Attention aux traces de mauvais goût!

bougée? Les espèces qui vivent à l'abri des rochers ne supportent pas très longtemps l'air ni le soleil. Comme la majorité d'entre elles sont sessiles, vous aurez deviné qu'elles ne circulent pas très vite! On peut en dire autant des chitons et des patelles que vous retournez sens dessus dessous, car ils sont incapables de se remettre eux-mêmes à l'endroit. Enfin, si vous trouvez des étoiles de mer ou des oursins dans les cuvettes, admirez-les, mais, de grâce, replacez-les-y avant que les goélands ou d'autres prédateurs ne les mettent en pièces ou que le soleil ne les dessèche à mort.

Marcher pendant des heures au bord de la mer, cela ouvre l'appétit. Vous le saviez et vous avez apporté votre pique-nique. Après avoir mangé, ramassez les reliefs de votre repas. Les boîtes de conserve, les sacs de plastique, les élastiques et autres produits d'emballage sont des objets nuisibles sur le rivage, et leur accumulation peut entraîner la mort d'une multitude d'organismes.

Se promener le long des grèves, c'est apprivoiser en douceur la vie secrète de l'estuaire.

141

Vous voici sur le chemin du retour. Vous aviez l'intention de rapporter des organismes vivants en souvenir de cette délicieuse promenade. N'en faites rien. Non seulement vous affecteriez le fragile écosystème, mais vous risqueriez d'être déçu. Pourquoi? Ces organismes pleins de vie et si joliment colorés quand ils évoluent dans l'eau perdent tout attrait dès qu'ils en sortent. Le plongeur peut aussi causer des dommages à l'environnement s'il ne prend garde de bien ajuster son équipement : il ne doit ni poser les mains ou les pieds sur le substrat, ni laisser ses palmes racler continuellement les surfaces couvertes d'organismes. Ceux qui utilisent une embarcation à moteur l'immobiliseront dans un secteur où l'ancre ne risque pas de tout arracher lorsqu'on l'en retire. Si l'on multiplie les brèches dans le substrat, la disposition si

Il est essentiel pour nous de préserver les fonds riches et colorés de l'estuaire.

harmonieuse des colonies d'invertébrés sera à la longue détériorée et leur beauté, ternie.

Devant cette beauté, devant le constant effort des espèces marines pour la conquête et la jouissance de la vie dans un milieu peu hospitalier, comment ne condamnerions-nous pas notre propre négligence et nos initiatives destructrices dans un milieu et un environnement dont nous dépendons, nous aussi? L'estuaire, dont la santé et la productivité relèvent désormais de notre instinct de survie et d'une prise de conscience collective que nous aurions tort de retarder, multiplie les signaux de détresse et d'alarme. Pourquoi attendre que ces signaux deviennent d'incontournables menaces avant de passer à l'action?

Cette petite sigouine de roche semble rendre hommage à l'anémone de mer qui déploie devant elle des tentacules d'un blanc crémeux.

CONCLUSION

Notre « tour de l'estuaire » est terminé. Comme la plus passionnante aventure devient un jour un livre d'images, un carrousel de souvenirs, l'exploration du Saint-Laurent a imprimé dans notre mémoire des milliers de formes et de couleurs qu'elle agitera et fera ressurgir au fil des jours et des comparaisons. Le mot qui revient le plus souvent à notre esprit lorsque nous évoquons « notre estuaire », c'est : *magie.* Pourquoi? Au départ, notre souhait de chercheurs se voulait réaliste, un peu solennel, comme si nous avions craint d'être emportés par l'émotion et de dénaturer un travail à vocation scientifique. Mais la magie fut telle, justement, qu'elle s'infiltra à travers les mots, se déploya dans le tissu des images au point d'imprégner nos propos, si sévèrement contrôlés fussent-ils, pour que nous accédions à cette deuxième ou troisième dimension qui est celle de l'estuaire lui-même, sa poésie, son magnétisme.

Avouons que nous en sommes plutôt heureux et réconfortés, puisque les chemins de la science ne nous ont jamais paru si arides qu'il fallût renoncer pour les conquérir à la flamme qui guida l'enfant de ruisseau en étang, de livre en aquarium, ou d'une plage à l'autre. Notre voeu profond était de vous entraîner avec nous dans l'intimité du géant, à l'aide des mille détails, parfois inconnus, parfois familiers qui ne cessaient de nous apparaître de plus en plus éclairants, de solliciter votre attention et votre respect.

Peut-être la science ne répondra-t-elle jamais aux innombrables questions que l'estuaire véhicule de marée en marée, sans souci de nos limites humaines. C'est pourtant l'infinitude de l'estuaire qui vous permettra de l'aborder, chacun à sa manière, à travers l'espace particulier qu'il réserve à tous ceux qui auront entendu notre appel, un appel qui fait écho à tant d'autres, aussi pressants, aussi pleins de confiance et de ferveur que le nôtre. Votre réponse ne nous laisse

Page suivante : Ces deux anémones de mer noduleuses se sont fixées à flanc de rocher.

évidemment pas indifférents. Les conditions de survie du Saint-Laurent demeurent étroitement liées à l'usage que nous en ferons, en toute connaissance de cause. Notre but ne serait pas atteint si nous n'avions pas éveillé, en même temps que votre curiosité, le sentiment de fierté et d'urgence que nous avons ramené des limbes silencieux de la mer. Que l'estuaire du Saint-Laurent représente l'un des plus extraordinaires foyers marins du globe, nous avons pu le constater et nous en enorgueillir.

Mais pour que se maintienne et se concrétise en ce « temps d'aujourd'hui » qui est le nôtre, notre espoir de rendre au fleuve et à son estuaire toute la splendeur et l'éclat de leur flore et de leur faune, désormais, nous devons compter sur vous.

Ce poisson effleure de sa nageoire les bras d'un concombre de mer.

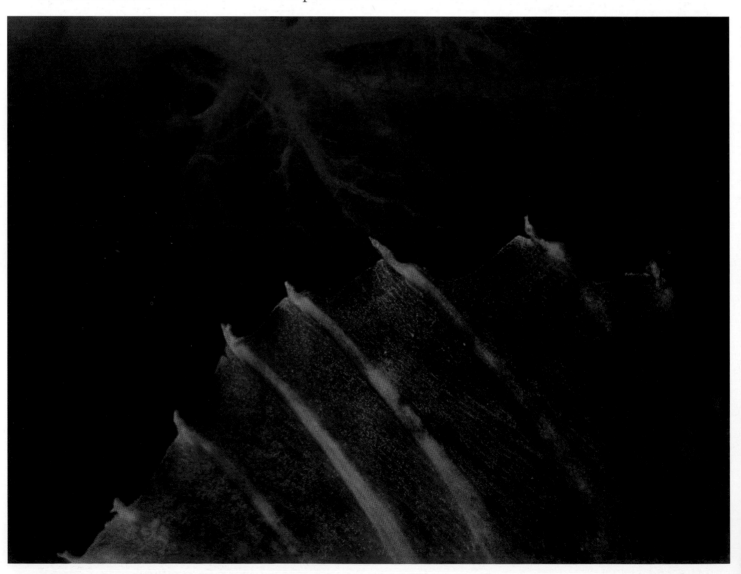

UNE OBSERVATION MÉTHODIQUE DES ORGANISMES MARINS

DES études sur les êtres vivants, il en existe depuis longtemps et leur nombre ne cesse d'augmenter. Résultat : un réseau inextricable de connaissances dont l'accès semble encore réservé aux spécialistes de chacun des groupes, sous-groupes et catégories du faramineux inventaire. Afin de décrire le monde animal et végétal, des générations de chercheurs ont tenté d'établir une nomenclature applicable à la classification des animaux et des plantes des habitats terrestres et aquatiques. Ainsi naquit et évolua la taxonomie des espèces. On peut se demander pourquoi on utilise un système apparemment si complexe que même les chercheurs modernes y perdent, c'est le cas de le dire, leur latin. Voici pourquoi.

Tel organisme animal, blanc ou jaune clair, aux formes irrégulières ou symétriques, plus ou moins attrayant, recueilli sur la grève ou sous la coque d'un bateau de pêche, est en général nommé différemment par les observateurs, selon la région et le lieu où il est identifié. Tantôt escargot ou bourgot, coque, moule ou bigorneau, selon la tradition locale, comment lui faire une place précise dans un dictionnaire scientifique universel? Au milieu des années 1800, le naturaliste suédois Karl von Linné met au point le système binominal. Malgré l'efficacité de ce classement, son emploi ne fait toujours pas l'unanimité. Au grand dam des biologistes, plusieurs systèmes concurrents sont utilisés d'un bout à l'autre de la planète. Par conséquent, certaines espèces figurent tantôt sur une liste, tantôt sur une autre, et sous différentes appellations. Ne nous décourageons pas, puisque l'accumulation des connaissances et l'emploi de l'ordinateur favorisent aujourd'hui l'établissement de bases de mieux en

Le soleil de mer éclaire les fonds marins de l'estuaire.

mieux étayées et l'abandon du caractère subjectif lié à l'élaboration des premières tables taxonomiques.

De façon générale, on attribue à un organisme, plante ou animal, un nom constitué de deux mots latins ou latinisés, c'est-à-dire adaptés à la forme latine. Le premier mot, qui commence toujours par une majuscule, représente le genre. Plusieurs organismes montrent des ressemblances morphologiques ou physiologiques qui les identifient à un genre commun. Ainsi, bien que présentant de légères différences avec des crevettes de la côte ouest du Canada, certaines crevettes de la côte est canadienne appartiennent aussi au genre *Pandalus*. Afin d'enregistrer avec précision la différence qu'on note entre ces deux organismes, un second mot, écrit en minuscules, concerne l'espèce, ce qui donnera, dans leur cas, *Pandalus borealis* et *Pandalus danae*. Le genre et l'espèce mis en évidence dans un texte sont soulignés ou imprimés en italique, ce caractère indiquant l'emploi du latin. Une troisième mention ou deux autres mots seront ajoutés au besoin pour signaler une sous-espèce ou une variété spécifique d'organismes.

Cette nomenclature des genres et des espèces peut être rattachée au langage courant ou établie en l'honneur des personnes ou des lieux auxquels genres et espèces sont associés. Voici une liste de quelques renseignements fréquemment utilisés pour la formation des noms scientifiques :

borealis	(ou) nordique;
caudatus	(ou) queue;
gracilis	(ou) plus mince;
littoralis	(ou) du littoral;
maculatus	(ou) en tache;
occidentalis	(ou) de l'Occident;
palustris	(ou) de marais;
septentrionalis	(ou) du nord;
tenebrosus	(ou) des zones obscures;
virens	(ou) vert;
vulgaris	(ou) commun.

Préfixes latins correspondant aux chiffres de 1 à 10 : *mono-, bi (di-), tri-, quadra-, quinque-, sex-, septem-, octo-, novem-, deca-.*

Sommairement situé, l'organisme est ensuite classé hiérarchiquement dans les divisions suivantes, afin de confirmer sa place dans le règne, le phylum, la classe, l'ordre, la famille, le genre et l'espèce dont il se réclame.

Mentionnons qu'on a ajouté au cours des décennies plusieurs sous-groupes et super-groupes pour mieux déterminer l'appartenance des organismes. Exemples : les sous-classes, la super-famille. Mais le débutant qui s'en tiendra aux caractéristiques générales des animaux de l'estuaire pourra procéder correctement et rapidement à l'identification des groupes qui l'intéressent, sans se préoccuper de codifier l'un ou l'autre des multiples détails d'une description scientifique.

LES ORGANISMES MARINS

La diversité des paysages sous-marins et leur richesse biologique sont à peu près indescriptibles. Nous avons adopté, pour la présentation de chacun des phylums familiers de l'estuaire du Saint-Laurent, leurs principales caractéristiques, celles qui permettent de reconnaître, au cours d'une plongée ou au hasard d'une balade sur la grève, les sujets les plus remarquables ou les plus répandus.

Extrêmement différents lorsqu'on les observe au microscope, beaucoup de ces animaux et de ces plantes ne peuvent être différenciés à l'œil nu. Les bryozoaires et les hydrozoaires, entre autres, se distinguent difficilement les uns des autres. C'est pourquoi nous proposons une description méthodique mais sommaire des principaux groupes d'organismes marins de l'estuaire, laquelle évoque leur morphologie plus ou moins complexe et relève les traits que la plupart des observateurs, avec un peu d'attention et beaucoup de patience, sont susceptibles de remarquer.

LES VÉGÉTAUX

Le règne végétal se divise en de nombreux embranchements. Les algues rouges (rhodophytes), les algues brunes (phaeophytes) et les algues vertes (chlorophytes) sont de loin les plus abondantes sur les bords du Saint-Laurent.

Les algues macroscopiques

Les algues benthiques composent la toile de fond du substrat de l'estuaire. Leur structure est simple; ces algues ne possèdent ni racines, ni feuilles, ni vaisseaux conducteurs. Elles forment un thalle plus ou moins ramifié selon les espèces. Certaines d'entre elles sont encroûtées sur la roche. De texture douce ou rigide, elles forment des réseaux arborescents ou cordés. Plusieurs animaux y trouvent un abri contre les prédateurs. Aux espèces du littoral, elles évitent la dessiccation. À d'autres, elles assurent une source d'oxygène et un site de fixation idéal. Ce sont des organismes autotrophes, capables de photosynthèse : grâce à des pigments de chlorophylle et à leur pigmentation générale, ils captent l'énergie solaire et distillent des sucres à partir du gaz carbonique dissous. Les substances qu'ils accumulent servent de nourriture pour les animaux tels que les mollusques herbivores. L'expansion de ces algues est limitée dans les profondeurs faute de lumière. C'est pourquoi elles occupent principalement le littoral et les premiers mètres de la zone sous-littorale.

Les algues macroscopiques sont brunes, vertes ou rouges, et distribuées d'une façon précise le long du littoral et dans l'eau : les brunes abondent sur le littoral, les vertes préfèrent les cuvettes et une salinité médiocre, les rouges croissent à la limite extrême de la marée basse et en deçà, où elles dominent jusqu'à 30 mètres de profondeur. On peut parfois observer de vastes forêts de laminaires près des côtes où la mer est plutôt calme et le substrat, rocheux.

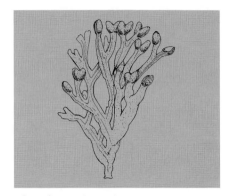

Algue brune (*Fucus*)

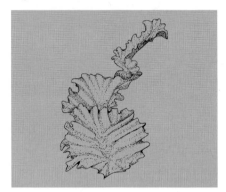

Algue verte (laitue de mer)

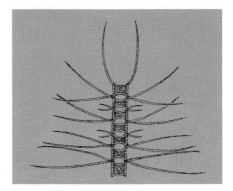

Diatomée

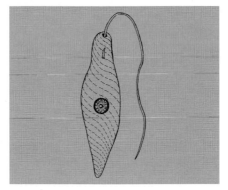

Flagellé

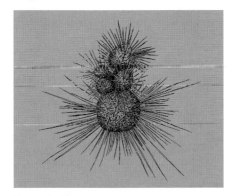

Foraminifère

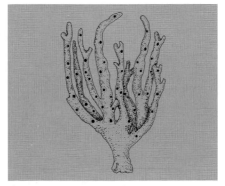

Éponge arborescente

Les algues microscopiques

Ces algues pullulent dans chaque goutte d'eau et sur chaque parcelle du substrat de l'estuaire du Saint-Laurent. Les dinoflagellés et les diatomées, pour ne citer que celles-là, atteignent à peine 100 micromètres de diamètre, bien qu'elles constituent la base de la chaîne alimentaire océanique universelle. Elles forment, avec d'autres végétaux microscopiques, les ressources fondamentales du phytoplancton et du périphyton.

LES ANIMAUX

Les protozoaires

La plupart des protozoaires sont invisibles à l'œil nu. On en connaît plus de 100 000 espèces primitives, unicellulaires ou vivant en colonies. Certaines d'entre elles possèdent des structures spécialisées aux fonctions similaires à celles des organismes pluricellulaires et des animaux de plus grande taille. L'embranchement est subdivisé, suivant le mode de locomotion, en protozoaires rampants munis de pseudopodes, en protozoaires mus par des flagelles ou des cils, et en protozoaires vivant en parasites.

Les porifères

Vous ne verrez aucun signe de vie, aucune réaction, aucun mouvement chez les porifères au stade adulte, constamment amarrés. Les éponges, les plus simples de tous les animaux pluricellulaires marins, sont représentées par plus de 15 000 espèces. Le courant d'eau qui les pénètre traverse les pores inhalents, ou ostioles, et la cavité interne, pour être finalement évacué par l'oscule, après avoir distribué des particules alimentaires et de l'oxygène à l'organisme. L'examen minutieux d'éponges de forme et de taille diverses a permis de déterminer qu'il s'agissait d'animaux et non de végétaux. Elles se réunissent en petits agrégats croûteux fixés sur les supports les plus variés – roches, coquillages, algues –

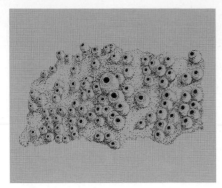

Éponge encroûtante

ou en masses hémisphériques ou cylindriques dont le diamètre peut atteindre plusieurs décimètres. En forme de champignon, de coupe, de vase ou exhibant de somptueuses arborescences, elles montrent des tons de gris, de brun orangé, de bleu ou de vert.

Les éponges sont constituées de substances molles et d'éléments de support appelés spicules qui leur tiennent lieu de squelette. Ce squelette est fait de spicules siliceux ou calcaires, ou de fibres de spongine, une substance organique cornée; il offre parfois une association de spicules et de fibres. Les parties molles, composées de tissus d'une remarquable élasticité, sont creusées de canaux et de lacunes qui communiquent à la fois avec le milieu ambiant et avec la cavité interne. Suivant la complexité de l'organisation, on distingue divers types d'éponges, mais aucun ne possède d'organes proprement dits.

Les cnidaires

À l'échelle de l'évolution, les cnidaires occupent le niveau le plus bas parmi les animaux différenciés organiquement, qu'ils se nomment anémone de mer, corail, méduse ou hydrozoaire. On en dénombre environ 10 000 espèces dans tous les océans du globe. Malgré leur apparence, les cnidaires sont très structurés. Ils se composent essentiellement de deux couches cellulaires épithéliales, séparées par la couche gélatineuse qui entoure la cavité gastrovasculaire interne, laquelle communique avec l'extérieur par un orifice unique, la bouche. Les cnidaires présentent une grande diversité de formes et d'adaptations. On peut distinguer, à la fois morphologiquement et biologiquement, plusieurs modèles de base.

Anémone de mer

Parfois, on dirait une ombelle, une cloche ou un disque plus ou moins transparents et de consistance gélatineuse : ce sont les méduses. La bouche est située sur la face inférieure du corps. Le polype en est la forme fixée. Presque tous les cnidaires sont des prédateurs qui se nourrissent d'éléments

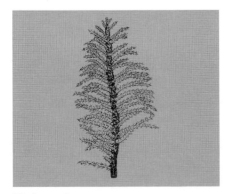

Hydrozoaire

Hydrozoaires solitaires

planctoniques, qu'ils captent grâce à des tentacules préhensiles, flexibles, armés de nématocystes. Les autres cnidaires se nourrissent par l'intermédiaire de cellules végétales présentes dans leurs tissus : ces zooxanthelles fournissent les éléments nécessaires à leur croissance et à leur survie.

Les nématocystes dont sont pourvus les cnidaires constituent un des caractères distinctifs du groupe. Ce sont des cellules pénétrantes qui recouvrent la surface des tentacules et servent à la préhension de la proie. Ces cellules présentent une paroi double dont l'apparence rappelle un bulbe. Un long filament enroulé et muni d'un mini-barbillon à son extrémité y est inclus. Des senseurs externes permettent au cnidaire de réagir à des stimuli tactiles. Quand le senseur est stimulé par un processus physique ou chimique, la cellule explose littéralement. Le filament est expulsé avec une force et une vitesse considérables. Le barbillon et le filament pénètrent la proie et y injectent leur poison. Une seule cellule n'aura qu'un effet négligeable sur la masse d'une proie beaucoup plus grande; en général, des centaines de cellules interviennent simultanément pour anesthésier et paralyser la proie. Notons que ce venin peut incommoder un nageur de la taille d'un homme.

Les cténophores

Les cténophores forment un petit groupe d'animaux marins qui prolifèrent dans la colonne d'eau, à certains moments durant l'été. Ils ressemblent un peu aux méduses, mais leur corps est rond ou ovale et n'offre pas l'aspect d'une ombelle. Ils possèdent des bandes de cils vibratiles le long du corps. Quelques espèces arborent deux longs tentacules non urticants qui servent à la capture des proies. Les bandes ciliaires agitées par des mouvements synchrones oscillent et s'irisent sous les rayons du soleil.

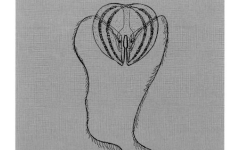

Groseille de mer

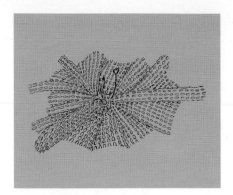

Bryozoaire encroûtant

Némerte

Gastéropode (buccin)

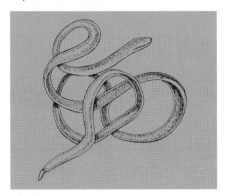

Nudibranche

Les bryozoaires

Les bryozoaires s'étalent sous la forme d'une mousse ou d'une maigre arborescence. Ils couvrent plusieurs types de substrats, rochers, algues, coquilles et carapaces. Le bryozoaire est un infiniment petit; mais les colonies qu'il forme peuvent atteindre 30 centimètres et plus de largeur, et emprunter une grande variété de structures et de couleurs. Quelques colonies se confondent avec des algues, d'autres avec des tubules arborescents qui font penser à de minuscules coraux ou à des hydrozoaires. Les colonies sont composées de multiples logettes de deux millimètres de diamètre ou moins, qui contiennent le polype. Certains bryozoaires disposent de loges souples, d'autres, et cela ajoute à la confusion, occupent des nids dont la dureté rappelle l'armature du corail. Les bryozoaires colonisent principalement les eaux peu profondes.

Les némertes

La majorité des némertes sont longs, lisses et plats. Leur coloration varie du gris au rouge; quelques-uns ont des taches de couleur sur le corps. Le corps de certains d'entre eux est remarquablement élastique, il peut être étiré à plus de quatre ou cinq mètres. Rétracté, il fait à peine quelques centimètres. Les némertes n'ont pas de cavité interne; ils sont dotés d'yeux, couverts de cils, ont une bouche et un anus. D'aspect plutôt frêle, ils n'en sont pas moins de redoutables prédateurs. Un long proboscis acéré leur facilite la capture de petits crustacés et de vers auxquels ils peuvent inoculer des substances toxiques.

Les mollusques

On a identifié environ 100 000 espèces de mollusques, dont plus de la moitié ont subsisté jusqu'à nos jours, les autres nous étant familières grâce à l'étude des fossiles. L'organisation complexe et diversifiée de leurs modes de vie est aussi remarquable que les fantaisies de leur apparence.

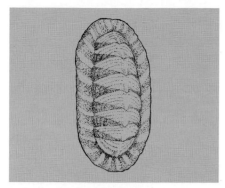

Polyplacophore (chiton)

Bivalve (pétoncle)

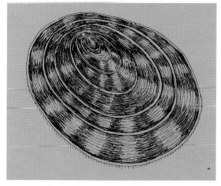

Monoplacophore (patelle)

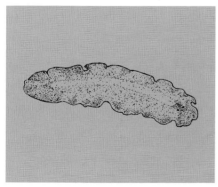

Ver plat

Coquille aplatie, coquille spiralée ou coquille apparemment absente, ainsi vont le buccin, la moule, le chiton, la patelle et la pieuvre, au sein d'un groupe aussi bien représenté sur terre que dans les mers.

Le mollusque type se compose d'une coquille protéique calcaire sécrétée par son manteau qui couvre la surface dorsale du corps. Sous le manteau s'ouvre une cavité qui comprend l'intestin, le système reproducteur et excréteur, les branchies et les organes sensoriels. La bouche borde la cavité buccale munie d'une rangée de dents chitineuses appelée radula. Toutes ces caractéristiques ne s'appliquent pas à l'ensemble des mollusques, mais elles sont repérables à des degrés variables selon les espèces. Les sexes de ces animaux sont souvent séparés et la fécondation externe demeure le mode de reproduction le plus répandu. Certaines espèces sont hermaphrodites, d'autres changent de sexe au cours de leur vie, plusieurs couvent leurs embryons à l'intérieur du manteau. Vous le constaterez, tous les mollusques ne fonctionnent pas de la même manière. Le mode d'alimentation offre un heureux mélange de gastéropodes détritivores, de nudibranches ou de calmars carnivores et de bivalves filtreurs. Le mode de déplacement montre également la versatilité des espèces qui s'enfouissent, se fixent, rampent ou nagent au gré de leur instinct et de leur confort.

Les plathelminthes

Le phylum des plathelminthes est constitué d'animaux plats, au corps mou, non segmenté, dont la tête ne se détache pas du reste du corps. La bouche est située sur le ventre; l'anus est absent. Parmi les animaux vermiformes, les vers plats sont, dans l'ensemble, les sujets les plus primitifs. Leur cavité digestive simple présente une seule ouverture.

Polychète (à plaques)

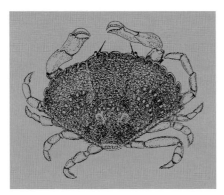

Polychète (*Nereis*)

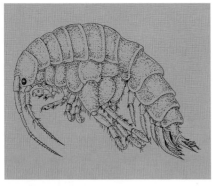

Crabe

Amphipode (gammare)

Les annélides

Les annélides sont le groupe le plus diversifié de vers marins. Ils sont formés de segments distincts, chacun comprenant une paire de parapodes qui servent essentiellement à la natation et à la respiration. Les espèces benthiques vivent dans le sédiment, dans des tubes ou dans des galeries souterraines. Certaines espèces développent des tentacules autour de la cavité buccale, d'autres, de forts crochets à l'extrémité du proboscis. Ils ont une tête distincte et des organes sensibles, deux tentacules dorsaux, deux palpes tactiles sur le ventre, deux ou quatre yeux. Leur coloration est très variable; certains arborent des couleurs iridescentes, bleu, vert, orange. Chaque anneau du corps possède des nerfs, des ganglions, des organes excréteurs et des vaisseaux sanguins. Les annélidés se divisent en trois classes : les oligochètes, dont les vers de terre, les polychètes, qui incluent les *Nereis* et les *Myxicola*, et les hirudinées, mieux connues sous le nom de sangsues.

Les arthropodes

Les arthropodes aquatiques, qui jouent dans la mer le rôle des insectes sur la terre et qui possèdent des formes variées à l'âge adulte, ont une forme larvaire plutôt uniforme. Qui n'a déjà observé des crabes, des homards ou des crevettes tandis qu'on les apprêtait à la cuisine? Tous se composent d'un céphalothorax d'une seule pièce prolongé par un rostre en dents de scie, un abdomen formé de sept anneaux articulés, de nombreux appendices dont deux yeux pédonculés, deux paires d'antennes, un appareil buccal, cinq paires de pattes locomotrices, cinq paires d'appendices disposés sous l'abdomen, sauf le dernier anneau, appelé telson. Ces appendices jouent plusieurs rôles. Ils servent, entre autres, à la nage et permettent à la femelle d'y conserver les œufs fécondés jusqu'à l'éclosion. La dernière paire forme parfois, avec le telson, ce qu'on appelle la nageoire caudale. Le corps des crustacés est recouvert d'une cuticule qui ne peut

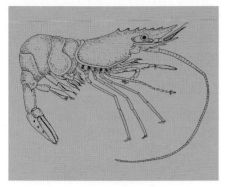

Crevette

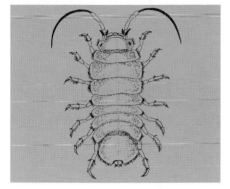

Isopode

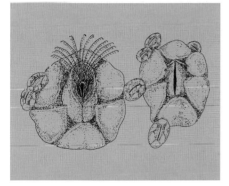

Cirripèdes (balanes)

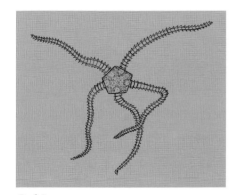

Ophiure

s'agrandir. Pour se développer, l'animal doit obligatoirement subir des mues dont le nombre et la fréquence varient selon l'espèce. L'amputation ou la mutilation spontanée d'un appendice présente, avec la mue, un des caractères biologiques spécifiques des crustacés. Provoquée par la contraction brutale du muscle qui rattache deux segments, l'amputation permet à l'animal en danger d'abandonner une de ses pinces à l'agresseur, sans effet sur ses chances de survie. Sur la partie blessée apparaîtront bientôt les bourgeons d'une pince ou d'une patte miniature de rechange. Les crustacés sont ovipares. Chaque œuf, après une incubation qui peut durer de quelques heures à plusieurs jours, expulse un nauplius, sorte de larve planctonique, au corps non segmenté, muni d'un seul œil et de trois paires de pattes.

Les échinodermes

Les échinodermes empruntent aussi bien la forme d'une fleur que d'une étoile à cinq, six ou douze longs bras. D'autres sont moulés comme une saucisse ou un serpent. Ils sont enveloppés d'un squelette externe fait de plaques calcaires disposées différemment selon la classe à laquelle ils appartiennent. Ils possèdent un tube digestif avec une bouche et un anus distincts, une chaîne nerveuse dorsale, une cavité générale et un système hémal qui distribue

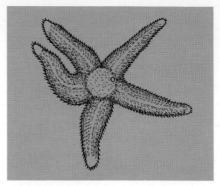
Étoile de mer

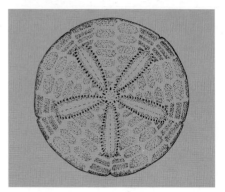
Oursin plat

diverses substances essentielles. Les sexes sont séparés. La locomotion est assurée à l'aide d'organes cylindriques érectiles périphériques – les pieds ou podia ambulacraires –, qui se gonflent sous pression par l'introduction de l'eau. En effet, ces pieds, à l'extrémité desquels est fixée une ventouse, sont intégrés dans un système très particulier dit aquifère. Il s'agit d'un réseau tubulaire communiquant à la fois avec l'extérieur et avec le réseau interne, qui distribue l'eau de mer à toutes les parties du corps. Il joue également un rôle dans la respiration, la circulation, l'excrétion et la locomotion de l'animal. La plupart des échinodermes sont en effet mobiles, disposent d'habitats et de régimes alimentaires très diversifiés. Ils sont représentés par les étoiles de mer, les oursins, les concombres de mer, les ophiures et les lys de mer.

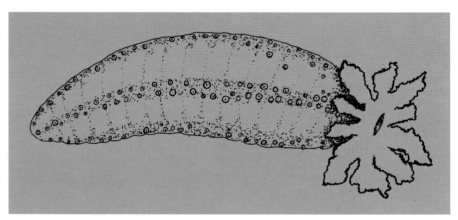
Concombre de mer

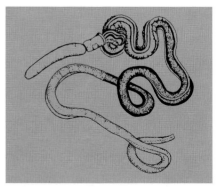
Hémichordé

Les hémichordés

Les hémichordés sont des organismes fouisseurs au corps allongé divisé en trois sections : un proboscis musculaire, un collier autour de la bouche et un tronc très long porteur des branchies. Le pharynx correspond à un demi-estomac et se termine à l'extrémité postérieure par un anus.

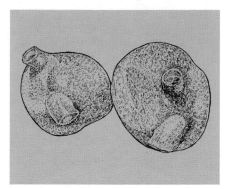

Pêches de mer

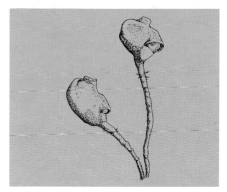

Patates de mer

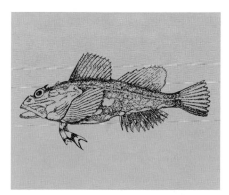

Chaboisseau

Morue

Les chordés

Cet embranchement très diversifié se compose d'animaux qui possèdent une notochorde ou une colonne vertébrale durant une partie de leur vie ou pendant leur vie entière. Il se divise en nombreux sous-embranchements et classes dont les plus importants en milieu marin sont :

Les urochordés

Plusieurs urochordés, un des sous-embranchements des chordés, sont des tuniciers qui se fixent au substrat à l'âge adulte. Quelque-uns ressemblent à des outres, d'autres, à des bulles de gelée. Plusieurs espèces sont grégaires et de petite taille. Chaque tunicier est recouvert d'une tunique plus ou moins rigide, de coloration variable ou tout à fait transparente, et possède deux siphons. La forme larvaire possède une notochorde ou ébauche de colonne vertébrale, qui disparaîtra au moment de sa métamorphose en animal benthique.

Les poissons

Les animaux décrits plus haut sont tous des invertébrés. La classe des poissons regroupe des animaux qui possèdent une arête ou colonne vertébrale et font ainsi partie de l'embranchement des vertébrés. Plusieurs d'entre eux sont benthiques et évoluent sur les fonds. D'autres sont d'excellents nageurs de pleine eau. On a divisé les poissons en deux groupes : les poissons cartilagineux et les poissons osseux. Les plus remarquables poissons cartilagineux de l'estuaire du Saint-Laurent sont les requins et les raies. Les poissons osseux identifiés dans l'estuaire sont très nombreux. Les morues, les sébastes, les maquereaux et les capelans sont quelques-uns des représentants les plus familiers de ce type.

Les mammifères marins

Les animaux de cette classe font le pont entre les formes familières de notre environnement terrestre et celles des océans. Organismes à sang chaud, ils diffèrent considérablement des groupes précédemment décrits. Les femelles nourrissent leurs petits du lait produit par leurs glandes mammaires. Le phoque, le marsouin et la baleine fréquentent l'estuaire du Saint-Laurent à certaines périodes de l'année.

Béluga

GLOSSAIRE

*Algue : végétal sans racines ni vaisseaux conducteurs.

*Amphipode : crustacé de petite taille, dont le corps est comprimé latéralement.

*Anémone de mer : animal à corps mou muni de tentacules, rappelant la forme d'une fleur et vivant attaché au substrat. L'anémone de mer appartient à l'embranchement des cnidaires.

*Annélides : embranchement des vers formés d'une suite de segments sans pattes. En plus des vers marins du genre *Nereis*, l'embranchement inclut les vers de terre ou lombrics.

*Arthropodes : embranchement des animaux à squelette externe chitineux, dont le corps est divisé en anneaux et les membres segmentés, mobiles. Cet embranchement comprend les crustacés.

Asphyxie : trouble occasionné par l'arrêt de la respiration ou le manque d'air.

Autotrophe : se dit d'un organisme capable d'élaborer des nutriments organiques à partir d'éléments minéraux bruts. Les végétaux, entre autres, le font par l'intermédiaire de la photosynthèse.

*Balane : petit crustacé pourvu de plaques calcaires blanches protectrices lui donnant l'aspect d'un cratère. Les balanes vivent fixées aux substrats durs.

Bathymétrie : mesure de la profondeur des plans d'eau.

Benthique : qui concerne le benthos ou appartient aux organismes du benthos.

Benthos : ensemble des organismes vivant en permanence à la surface ou à l'intérieur des sédiments aquatiques.

Bioluminescence : émission de lumière par certains êtres vivants, liée à une fonction organique. Divers organismes, bactéries, algues, crustacés et poissons possèdent cette propriété.

Biomasse : masse totale des êtres vivants compris dans un volume donné.

Biotique : relatif à la vie ou permettant le développement de la vie.

Biotope : aire géographique peu étendue correspondant à un groupement d'êtres vivants soumis à des conditions relativement constantes ou cycliques.

Branchie : organe respiratoire prenant l'aspect de lamelles denticulées, capable d'absorber l'oxygène dissous dans l'eau et de rejeter le gaz carbonique.

*Bryozoaires : embranchement d'animaux invertébrés vivant en colonies fixées sur les rochers, les algues ou tout autre substrat solide.

*Buccin : mollusque gastéropode des côtes atlantiques, familièrement appelé bourgot.

Calcaire : se dit d'un matériel imprégné de carbonate de calcium.

Capelan : petit poisson de la famille des morues, remarquable par sa façon de rouler avec les vagues en période de reproduction.

Carapace : organe dur et solide enveloppant divers animaux dont il protège le corps.

Carnivore : qui se nourrit de chair.

Caroténoïde : pigment jaune ou rouge que l'on trouve principalement chez les végétaux.

Céphalopode : mollusque marin carnivore et nageur, dont la tête porte des tentacules munis de ventouses et qui se propulse par réaction en expulsant de l'eau par un siphon. Les céphalopodes les plus connus sont les pieuvres et les calmars.

Céphalothorax : partie antérieure du corps de certains invertébrés, qui comprend la tête et le thorax soudés.

*****Chiton :** mollusque marin fixé solidement aux rochers et dont la coquille est formée de plaques articulées.

Chromatophore : cellule de l'épiderme contenant un pigment.

Cirre : appendice flexible et ramifié de certains animaux invertébrés.

Clone : individu issu de la reproduction asexuée d'un parent.

*****Cnidaires :** embranchement des animaux munis de cellules urticantes dites nématocystes, comprenant les hydrozoaires, les méduses et les anémones de mer.

*****Concombre de mer :** animal au corps allongé vivant sur les fonds océaniques. Ce proche parent des oursins et des étoiles de mer appartient à l'embranchement des échinodermes.

Copépode : crustacé de petite taille qui abonde dans le plancton.

Courant : mouvement ou déplacement de l'eau.

*****Corail (mou) :** animal constitué d'une colonie de polypes possédant chacun huit tentacules, appartenant à l'embranchement des cnidaires.

Cornée : partie antérieure transparente du globe oculaire, en forme de calotte sphérique et peu saillante.

*****Crinoïde :** animal de l'embranchement des échinodermes dont le corps est formé d'un calice entouré de longs bras, aussi appelé lys de mer.

Crue : augmentation du débit moyen des eaux d'un cours d'eau.

*****Crustacé :** arthropode à respiration branchiale et dont la carapace est formée de chitine imprégnée de calcaire.

*****Cténophores :** embranchement des animaux à corps mou, dépourvu de cellules urticantes et ressemblant à une groseille, avec ou sans longs tentacules.

Cuticule : zone superficielle de l'enveloppe corporelle des arthropodes contenant la chitine.

Cuvette : dépression du sol dans la zone littorale où l'eau de mer est retenue à la marée baissante.

*****Diatomée :** algue unicellulaire entourée d'une coque bivalve en silice.

Dimorphisme sexuel : ensemble des caractéristiques morphologiques qui distinguent les individus mâles des individus femelles.

*****Dinoflagellé :** algue microscopique et planctonique recouverte d'une coque cellulosique, parfois bioluminescente.

Dioxine : sous-produit très toxique de la fabrication d'un dérivé chloré du phénol.

Diversité spécifique : nombre d'espèces que l'on retrouve dans un habitat.

*****Échinodermes :** embranchement du règne animal dont le nom signifie « à peau épineuse ». Exclusivement marins, les échinodermes sont représentés par les oursins, les étoiles, les concombres et les lys de mer.

Écologie : science qui étudie la relation entre les organismes vivants et leur environnement. Elle a aussi pour but l'analyse d'un écosystème tenant compte de l'interaction entre différents facteurs, tels que les types de poissons, d'invertébrés, de courants, de température et de salinité.

Écosystème : ensemble des êtres vivants d'un même milieu et des éléments non vivants qui leur sont liés vitalement.

Électron : particule élémentaire chargée d'électricité négative, l'un des éléments constitutifs de l'atome.

Endobenthique : caractérise les animaux et les végétaux qui vivent dans les sédiments en s'y enfonçant.

Épibenthique : concerne les animaux et végétaux qui vivent sur les fonds aquatiques sans s'y enfoncer.

Épithélium : tissu formé d'une ou de plusieurs couches de cellules recouvrant le corps d'un organisme, les cavités internes, les organes.

***Éponge** : nom commun donné aux porifères.

Espèce : subdivision du genre, ensemble des individus issus de parents communs ou ayant un aspect semblable. Ils sont féconds entre eux et le développement de l'embryon peut atteindre la maturité sexuelle.

Estuaire : masse d'eau délimitée que forme l'embouchure d'une rivière ou d'un fleuve, où l'eau douce et l'eau salée se mélangent et où les marées sont présentes.

Euphausiacé : petit crustacé marin vivant en troupes immenses et formant le krill dont se nourrissent les baleines.

Exogène : qui se forme ou se produit à l'extérieur.

Fécondation : union de deux cellules sexuelles, l'une femelle (ovocyte) l'autre mâle (spermatozoïde).

Flagelle : filament mobile servant d'organe de locomotion à certains protozoaires et aux spermatozoïdes.

Flux : montée du niveau de la mer due à la marée.

Fronde : majeure partie de l'algue attachée au substrat par un crampon, comme la feuille de l'arbre.

Front : zone de rencontre entre deux masses d'eau aux caractéristiques physiques et/ou chimiques distinctes.

Fucus : algue brune abondante sur les côtes rocheuses, dans la zone de balancement des marées.

Furane : composé hétérocyclique existant dans le goudron.

Gamète : cellule sexuelle mâle (spermatozoïde) ou femelle (ovocyte).

Gamétogénèse : processus de développement et de maturation des gamètes.

***Gammare** : crustacé commun dans la zone littorale, dont le corps est aplati latéralement.

***Gastéropode** : se dit de tout mollusque rampant sur un large pied ventral, souvent pourvu d'une coquille dorsale.

Génétique : relatif à l'hérédité, à la transmission des caractères anatomiques, cytologiques et fonctionnels des parents aux enfants.

Glucoside : nom générique donné à divers composés donnant du glucose par hydrolyse.

Gonade : organe qui synthétise et entrepose les gamètes.

Gyre : en océanographie, courant marin cyclonique.

Habitat : endroit où vit un organisme, ou lieu dans lequel les individus d'une population vivent.

Herbivore : animal dont la diète se compose de végétaux.

Hétérogène : se dit d'un tout formé d'éléments disparates, variés.

Hirudinée : synonyme de sangsue.

***Holothurie** : synonyme de concombre de mer.

Hydrocarbure : composante primaire du pétrole brut et de ses produits raffinés. On distingue les hydrocarbures polycycliques, les HAP et les hydrocarbures halogénés comme le BPC, le DDT et le Mirex.

***Hydrozoaire** : cnidaire colonial sessile vivant sur les substrats solides.

Intoxication : introduction ou accumulation spontanée d'une toxine dans l'organisme.

***Isopode** : crustacé à sept paires de pattes, aplati dorso-ventralement.

Laminaire : algue brune des côtes rocheuses dont le thalle peut atteindre plusieurs mètres de longueur.

Larve : forme juvénile, différente des adultes correspondants, menant une vie libre hors de l'œuf.

Leurre : artifice ayant pour but d'attirer et de tromper.

Lichen : végétal constitué de l'association d'une algue et d'un champignon, vivant sur le sol, les arbres, les pierres, formant un tapis semblable à de la mousse.

Limivore : qui se nourrit de débris organiques contenus dans le substrat.

Lipide : nom donné aux substances organiques usuellement appelées graisses.

Littoral : zone de contact entre la terre et la mer.

*Littorine : mollusque gastéropode très abondant sur les côtes, souvent appelé bigorneau.

Lompe : poisson dont les nageoires ventrales modifiées en forme de ventouse lui permettent de s'attacher au substrat.

*Lys de mer : nom commun du crinoïde.

Maquereau : poisson aux reflets argentés, abondant dans l'estuaire du Saint-Laurent.

Marée : augmentation et baisse cycliques du niveau de la mer dues aux forces de gravitation de la Terre, de la Lune et du Soleil.

*Méduse : forme pélagique de cnidaire, composée d'une ombelle contractile dont le bord porte des filaments urticants.

Mélanine : pigment brun dont certains animaux sont abondamment pourvus.

Métabolisme : ensemble des transformations subies par les substances qu'absorbe un organisme; réactions de synthèse et réactions de dégradation libérant de l'énergie.

Métamorphose : changement d'une forme en une autre.

Micromètre : unité de mesure de longueur égale à un millionième de mètre.

Micro-organisme : organisme microscopique végétal ou animal.

Mimétisme : stratégie empruntée par certaines espèces visant à se rendre semblables à d'autres espèces, pour assurer leur protection.

*Mollusques : embranchement d'animaux à corps mou, portant dorsalement un manteau souvent recouvert d'une coquille et possédant un pied musculeux leur permettant de se déplacer.

*Moule : mollusque bivalve comestible, à coquille bleutée, vivant fixé sur les rochers et autres substrats durs.

Mucus : sécrétion visqueuse contenant des protéines et des glucides, produite par des glandes distribuées sur la surface de l'épithélium externe de plusieurs invertébrés.

*Mye : mollusque bivalve comestible que l'on retrouve en abondance enfoncé dans le substrat meuble de la zone littorale.

*Nauplius : première forme larvaire des crustacés.

*Nématocyste : organe urticant caractéristique des cnidaires.

*Némertes : embranchement de vers plats marins.

Néoténie : état de l'animal qui atteint la capacité reproductrice avant la disparition complète des caractères larvaires, chez les tuniciers.

Notochorde : ébauche de colonne vertébrale que l'on retrouve chez certaines larves d'invertébrés.

*Nudibranche : mollusque gastéropode marin aux branchies nues non recouvertes d'une coquille.

Nutriment : substance alimentaire pouvant être assimilée directement et entièrement sans avoir eu besoin de subir les transformations digestives.

Ocelle : œil simple de nombreux invertébrés.

Œuf : gamète femelle fécondé.

Ommochrome : d'une couleur uniforme.

*Ophiure : échinoderme dont les bras souples s'attachent à un disque central.

Oscule : grand pore par où les éponges expulsent l'eau.

Ostiole : chacun des orifices microscopiques d'une éponge qui permet l'entrée de l'eau dans l'organisme.

*Oursin : animal marin à test calcaire globuleux, couvert de piquants mobiles; le plus commun des échinodermes de l'estuaire du Saint-Laurent.

Ovocyte : gamète femelle non fécondé.

Paramètre physico-chimique : particularité physique et chimique qui caractérise un milieu, soit la salinité, la température, la force des courants et des marées, etc.

Parapode : rame natatoire des annélides marins, disposée en deux paires latérales sur chaque anneau et couverte de nombreuses soies.

Parasite : animal ou végétal qui vit aux dépens d'un autre.

*Patelle : mollusque univalve à coquille conique très abondant le long du littoral rocheux.

Pélagique : qui nage ou qui flotte; relatif à la haute mer.

Périphyton : ensemble des cellules végétales microscopiques recouvrant divers substrats.

*Pétoncle : mollusque bivalve comestible vivant sur les substrats meubles et rocheux.

Pharynx : région du tube digestif de plusieurs animaux.

Photopériode : durée du jour.

Photorécepteur : cellule réceptrice visuelle.

Photosynthèse : processus selon lequel la lumière solaire permet la synthèse de composés riches en énergie, hydrates de carbone, à partir de gaz carbonique et d'eau.

Phytoplancton : plancton végétal.

Photophore : organe lumineux des organismes bioluminescents.

*Pied ambulacraire : petit tube dont l'extrémité forme une ventouse qui sert, entre autres, à la locomotion des oursins, des étoiles et des concombres de mer.

Pigmentation : formation, accumulation de pigments dans les tissus.

Plancton : ensemble des êtres microscopiques et macroscopiques en suspension dans l'eau qui dérivent passivement avec les courants.

*Plathelminthes : embranchement des vers plats.

*Polychète : annélide à nombreuses soies latérales, tel le ver *Nereis*.

Polype : animal sessile muni de tentacules, de structure simple, faisant généralement partie d'une colonie (le polype corallien, par exemple).

Ponte : terme habituellement employé pour signifier l'expulsion des gamètes mâles et femelles lors de la reproduction des invertébrés.

Population : groupe plus ou moins isolé d'animaux de la même espèce vivant dans un biotope particulier.

*Porifères : embranchement regroupant les animaux aquatiques très primitifs, sessiles, vivant fixés à divers substrats et arborant des formes très variées.

Prédateur : se dit d'un animal qui vit de chasse.

Proboscis : tube ou trompe extensible, évaginable de la bouche de certains mollusques, vers et autres invertébrés.

*Protozoaires : embranchement des organismes unicellulaires et microscopiques, à noyau distinct, dépourvus de chlorophylle, souvent munis d'une bouche.

*Pycnogonide : arthropode marin ressemblant à une araignée mais n'ayant que quatre ou six pattes.

Radula : langue râpeuse existant chez certains mollusques.

Reflux : mouvement de la marée baissante.

Réniforme : d'une forme qui s'apparente à celle d'un rein.

Reproduction asexuée : reproduction qui s'effectue sans l'intervention des cellules sexuelles, par bourgeonnement ou régénérescence, par exemple.

Rétine : membrane sensible de l'œil.

Rostre : pointe antérieure de la carapace de certains invertébrés, dont la crevette.

Salinité : proportion d'éléments solides dissous, principalement le chlore et le sodium, dans l'eau de mer.

Saumâtre : légèrement salé.

Sébaste : poisson rougeâtre abondant dans les eaux profondes de l'estuaire du Saint-Laurent.

Sédiment : dépôt dû à la précipitation des eaux chargées de matière dissoute ou en suspension.

Sessile : se dit d'un organisme qui est fixé définitivement à son substrat, qui ne peut se déplacer aisément.

Siphon : orifice qui permet à l'eau et aux particules alimentaires de transiter dans les organismes filtreurs. Les bivalves et les tuniciers possèdent deux siphons, l'un inhalant, l'autre exhalant.

Soluble : qui peut se dissoudre dans un solvant comme l'eau.

Spartine : nom de plusieurs espèces de plantes littorales.

Spermatozoïde : cellule sexuelle mâle.

Spicule : corpuscule siliceux ou calcaire constitutif du squelette des éponges, des cnidaires et de nombreux autres invertébrés.

Stimulus : agent capable de provoquer dans certaines conditions la réponse d'un être vivant excitable.

Substrat : ce qui sert de base à quelque chose; les fonds rocheux ou de sable des océans, la fronde d'une algue, le bois constitutif d'un quai sont des substrats.

Suspensivore : se dit d'un organisme qui se nourrit de particules en suspension dans l'eau, en déployant des organes capteurs.

Telson : dernier anneau de l'abdomen des arthropodes.

Test : base du squelette externe de l'oursin.

Thermo-halocline : zone de changement rapide des gradients de température et de salinité de l'eau.

Toxicologie : science traitant de la capacité toxique, théorique ou réelle, de divers produits.

Toxine : substance toxique de nature protéique élaborée par un organisme vivant.

Tributaire : se dit d'un cours d'eau qui se jette dans un autre.

Tubicole : qui vit dans un tube.

Tunicier : animal marin en forme de sac muni de deux siphons, faisant partie de l'embranchement des urochordés.

Turbidité : état d'un liquide trouble.

Zone aérobie : environnement où l'énergie est issue d'un processus nécessitant l'utilisation d'oxygène atmosphérique.

Zone anaérobie : environnement où l'énergie est issue d'un processus ne nécessitant pas d'oxygène.

Zone aphotique : zone inférieure de la masse d'eau qui ne reçoit plus de lumière.

Zone euphotique : zone supérieure de la masse d'eau qui reçoit suffisamment de lumière pour assurer la photosynthèse.

Zone intertidale : zone située entre les limites inférieure et supérieure de la marée.

Zone littorale : étendue de terre le long de la mer, incluant celle qui est exondée à la marée baissante.

Zooplancton : plancton d'origine animale.

Zooxanthelle : algue jaune ou brunâtre, du groupe des dinoflagellés, qui vit en association symbiotique avec certains animaux.

Zostère : plante marine des eaux froides et tempérées.

LECTURES SUPPLÉMENTAIRES

Abbott R. T. 1974. *American Seashells.* Éditions Van Nostrand Reinhold Company, New York, É.-U. A., 663 pages.

Amos W. H. et S. H. Amos 1981. *The Audubon society field guide to north american seashore creatures.* Éditions Alfred A. Knopf, New York, É.-U. A., 799 pages.

Amos W. H. et S. H. Amos 1988. *Atlantic and Gulf coasts.* Éditions Alfred A. Knopf, New York, É.-U. A., 670 pages.

Back F. et C. Villeneuve 1995. *Le Fleuve aux grandes eaux.* Éditions Québec-Amérique, Montréal, Québec, 128 pages.

Barnes R. S. K., P. Calow, P. J. W. Olive et D. W. Golding 1988. *The invertebrates : a new synthesis.* Éditions Blackwell scientific publications, Oxford, G.-B., 582 pages.

Bavendam F. 1980. *Beneath cold waters : The marine life of New England.* Éditions Down East Books, Maine, É.-U. A., 126 pages.

Bousfield E. L. 1973. *Shallow-water gammaridean amphipoda of New England.* Éditions Comstock publishing Associates, Londres, G.-B., 312 pages.

Cleveland P. H., L. S. Roberts et F. M. Hickman. 1988. *Integrated principles of zoology.* Éditions Times Mirror/Mosby College publishing, Saint-Louis, É.-U., 939 pages.

Croteau A. 1995. *Les Îles du Saint-Laurent.* Éditions du Trécarré, Saint-Laurent, Québec, 190 pages.

DiLorenzo J.-C., D. Bois et P. Jomphe. 1986. *Espèces marines de l'archipel des Sept-Îles.* Édition du Comité touristique et de la Corporation de promotion industrielle, commerciale et touristique de Sept-Îles inc., Sept-Îles, Québec, 70 pages.

Dumais P. 1988. *Le Bic : images de neuf mille ans d'occupation amérindienne.* Édition du ministère des Affaires culturelles du Québec, Québec, 112 pages.

Dumas A. et Y. Ouellet 1993. *Le fjord du Saguenay.* Édition du Trécarré, Saint-Laurent, 160 pages.

Fontaine P.-A. et R. LaSalle. 1992. *Sous les eaux du Saint-Laurent.* Les Éditions du Plongeur inc., Vanier, Québec, 194 pages.

Gordon J. et T. E. Weeks 1982. *Seashells of the northeast coast from Cape Hatteras to Newfoundland.* Éditions Hancock House publishers, Washington, É.-U. A., 64 pages.

Gibson M. 1987. *Summer nature notes for Nova Scotian seashores.* Éditions Lancelot Press, Nouvelle-Écosse, 386 pages.

Gosner K. L. 1979. *A field guide to the Atlantic seashore.* Éditions Houghton Mifflin Company, Boston, É.-U., 329 pages.

Hall D. W. et L.L. Laurent. 1979. *Pacific coast subtidal marine invertebrates : a fishwatcher's guide.* Éditions Dai Nippon Printing co., Tokyo, Japon, 107 pages.

Hamel J.-F. et A. Mercier. 1995. *Prespawning behavior, spawning, and development of the brooding starfish Leptasterias polaris.* Biological Bulletin 188 : 32-45.

Hamel J.-F. et A. Mercier. 1996. *Early development, settlement, growth and migration pattern of the sea cucumber Cucumaria frondosa.* Canadian Journal of Fisheries and Aquatic Sciences (sous presse).

Himmelman J. H. 1991. *Diving observations of subtidal communities in the northern Gulf of St. Lawrence.* Canadian special publication of Fisheries and Aquatic Sciences 113 : 319-332.

Landry B. et M. Mercier. 1986. *Notions de géologie.* Éditions Modulo, Mont-Royal, Québec, 437 pages.

Larocque P. et collaborateurs 1994. *Parcours historiques dans la région touristique du Bas-Saint-Laurent.* GRIDEQ éditeur, Québec, 433 pages.

Loring D. H. et D. J. G. Nota. 1973. *Morphology and sediments of the Gulf of St. Lawrence.* Bulletin of the Fisheries Research Board of Canada, Numéro 182, 147 pages.

Meglitsch P.A. et F. R. Schram. 1991. *Invertebrates zoology* (3ᵉ édition). Éditions Oxford University Press, New York, É.-U., 623 pages.

Miner R. W. 1950. *Field book of seashore life.* Éditions G. P. Putnam's Sons, New York, É.-U., 888 pages.

Mitchell L. G., J. A. Mutchmor et W. D. Dolphin. 1987. *Zoology.* Éditions Benjamin/Cummings Publishing Company, inc., California, É.-U., 862 pages.

Mohammed I. E.-S. et N. Silverberg. 1990. *Oceanography of a large-scale estuarine system, The St. Lawrence.* Coastal and a estuarine studies. Éditions Springer-Verlag, É.-U., 434 pages.

Pearse V., J. Pearse, M. Buchsbaum et R. Buchsbaum. 1987. *Living invertebrates.* Éditions Blackwell scientific publications et The Boxwood press, California, É.-U., 848 pages.

Pettibone M. H. 1954. *Marine polychate worms from point barrow, Alaska, with additional records from the north Atlantic and north Pacific.* Proceedings of the United States National Museum. 103 : 203-356.

Rehder H. A. 1981. *The Audubon Society field guide to north american seashells.* Éditions Alfred A. Knopf, New York, É.-U., 894 pages.

Saint-Pierre J. 1994. *Les Chercheurs de la mer : les débuts de la recherche en océanographie et en biologie des pêches du Saint-Laurent.* Institut québécois de recherche sur la culture, Québec, 255 pages.

Shih C. T. 1977. *A guide to the Jellyfish of Canadian Atlantic waters.* Éditions National Museum of Natural Sciences, Ottawa, Ontario, 90 pages.

Saint-Amour M. 1984. *Guide du parc national Forillon : l'harmonie entre l'homme, la terre et la mer.* Édition du ministère des Approvisionnements et Services du Canada, Ottawa, Ontario, 127 pages.

Tanguay S. 1988. *Guide des sites naturels du Québec.* Éditions Michel Quintin, Montréal, Québec, 251 pages.

Therriault J.-C. 1991. *Le golfe du Saint-Laurent : petit océan ou grand estuaire?* Éditions J.-C. Therriault et du ministère des Pêches et des Océans, Mont-Joli, Québec, 359 pages.

Thomas L. H. 1989. *Introducing the sea : an introduction to general marine science with emphasis on canadian maritime coastal waters.* Éditions Huntsman Marine Science Centre, St. Andrews, Nouveau-Brunswick, 112 pages.

INDEX

Les numéros de pages en gras indiquent des illustrations.

TABLE DES MATIÈRES

À PROPOS DES PHOTOGRAPHES ET DES ILLUSTRATEURS

Hormis les photographies signées par les auteurs, plusieurs illustrations sont dues à une participation exceptionnelle de chasseurs d'images tels que Normand Piché, Jean-Pierre Sylvestre, Ghislaine Paradis, Jean-Sébastien Hébert et Daniel De Lisle.

Cartographe de formation, plongeur et photographe sous-marin, Normand Piché a consacré des milliers d'heures à l'exploration des eaux glaciales de l'estuaire et plus de quinze années à l'illustration de sites de plus en plus difficiles d'accès, souvent connus de lui seul. Ce collaborateur de longue date est l'un des photographes sous-marins les plus réputés du Canada. Toute une génération de nouveaux plongeurs ont été initiés aux mystères du Saint-Laurent par cet inlassable découvreur de l'estuaire laurentien.

Jean-Pierre Sylvestre est l'auteur de remarquables photos de mammifères marins; quelques vues du littoral sont l'œuvre de Jean-Sébastien Hébert.

Les illustrations des divers groupes d'invertébrés sont dues à la plume du peintre Ghislaine Paradis.

La carte satellite de l'est du Canada (p. 12) est une réalisation de Daniel De Lisle, océanographe.

CRÉDITS PHOTOGRAPHIQUES